Fourth Edition

Bravo!

**Communication, Grammaire,
Culture et Littérature**

Cahier d'exercices et Manuel de laboratoire

Morgane Agarwal
Oberlin College

Janet L. Solberg
Kalamazoo College

Larissa Godish Dugas
Kalamazoo College

Judith A. Muyskens
Colby-Sawyer College

Linda L. Harlow
The Ohio State University

THOMSON
HEINLE

Australia Canada Mexico Singapore Spain United Kingdom United States

D1511679

BRAVO!
Fourth Edition
Cahier d'exercices et Manuel de laboratoire
Agarwal, Solberg, Godish Dugas, Muyskens, Harlow

Publisher: *Wendy Nelson*
Senior Production & Developmental Editor Supervisor: *Esther Marshall*
Developmental Editors: *Anne Besco & Lara Semones*
Marketing Manager: *Jill Garrett*
Associate Marketing Manager: *Kristen Murphy-LoJacono*
Production/Editorial Assistant: *Diana Baczynskyj*
Senior Manufacturing Coordinator: *Mary Beth Hennebury*
Compositor: *Greg Johnson, Art Directions*
Project Manager: *Sev Champeny*
Printer: *Patterson Printing*

Printed in the United States of America
3 4 5 6 7 8 9 10   06 05 04 03 02

For more information contact Heinle, 25 Thomson Place, Boston, MA 02210 USA,
or you can visit our Internet site at http://www.heinle.com

For permission to use material from this text or product contact us:
Tel   1-800-730-2214
Fax   1-800-730-2215
Web   www.thomsonrights.com

ISBN: 0-8384-1327-7

CONTENTS

EXERCICES ÉCRITS

CHAPITRE

Heureux de faire votre connaissance

LA GRAMMAIRE À RÉVISER

Avant la première leçon

Les verbes: le présent

A. Une rencontre au café. Choisissez le verbe approprié. Ensuite, complétez le dialogue avec la forme correcte du verbe au présent.

HERVÉ: Je me (présenter / préférer) _____ (1) — Hervé

Janin. Et voici mon copain Alain Colet. Nous (lever / habiter)

_____ (2) à côté de chez vous, dans l'appartement 5.

Nom _____ **Date** _____

SYLVIE: Ah, oui! Moi, je (s'appeler / se rappeler) _____ (3) Sylvie Beau. On se (tutoyer [*to use the familiar form **tu***] / entendre) _____ (4)?

HERVÉ: Avec plaisir. Je (élever / espérer) _____ (5) que nous ne te (déranger [*to bother*] / ranger) _____ (6) pas. Tu (essayer / étudier) _____ (7)?

SYLVIE: Oui, je (finir / réfléchir) _____ (8) un exposé pour un cours de civilisation américaine. Vous êtes étudiants aussi, n'est-ce pas?

HERVÉ: Oui, nous (posséder / espérer) _____ (9) bientôt terminer nos maîtrises en histoire de l'art. Nous (essayer / avancer) _____ (10) d'obtenir une bourse *(scholarship)* pour aller étudier en Italie.

SYLVIE: C'est chouette!

ALAIN: Oui, si nous (réussir / considérer) _____ (11) au concours de sélection, nous partirons pour Rome dans deux mois. Nous (entendre / attendre) _____ (12) les résultats avec impatience.

SYLVIE: Bonne chance, hein! Malheureusement, je (voyager / réunir) _____ (13) très peu. Vous savez, à la librairie Pasquier, ils (ranger / vendre) _____ (14) de très beaux livres sur l'art italien.

HERVÉ: En ce moment, on (acheter / amener) _____ (15) seulement des cassettes pour apprendre l'italien. Tous les jours, Alain et moi, nous (répéter / répondre) _____ (16) des phrases et des dialogues italiens. Nous (venger / agacer) _____ (17) tous nos amis avec ça — en fait, ils (menacer / mener) _____ (18) souvent de détruire nos cassettes!

SYLVIE: Ils sont jaloux, voilà tout! C'est tellement beau, les voyages... Voilà, j'ai trouvé — je

(perdre / jeter) _____ **(19)** mes études par la fenêtre, et je

vous (rendre / emmener) _____ **(20)** visite en Italie!

ALAIN: Bonne idée! On te préparera un bon plat de spaghettis.

SYLVIE: Merci bien! Au revoir — ou plutôt «Ciao» les amis!

ALAIN ET HERVÉ: Ciao, Sylvie! A la prochaine.

Poser une question

B. Un sondage sur les jeunes et les voyages. Trouvez les questions correspondant aux réponses données par Marc, étudiant en géographie, à un journaliste de *L'Express*. Utilisez la forme interrogative suggérée entre parenthèses.

1. — A votre avis, _____ *(inversion)*

   — Oui, à mon avis, les jeunes apprennent beaucoup quand ils voyagent.

2. — _____ *(rising intonation)*

   — Oui, je fais un voyage chaque été.

3. — _____ *(inversion)*

   — Oui, j'essaie d'apprendre la langue des pays que je visite.

4. — _____ *(est-ce que)*

   — Non, mes parents ne me donnent pas d'argent pour voyager.

5. — _____ *(inversion)*

   — Oui, je dois travailler dur pour gagner cet argent.

6. — _____ *(n'est-ce pas)*

   — Bien sûr, ça vaut la peine *(it's worth it)*!

Avant la troisième leçon

L'impératif

C. Dur, dur de voyager! Les voyages sont parfois pénibles pour les enfants. Le petit Marc s'ennuie dans l'avion, et sa mère est obligée de lui donner beaucoup d'ordres. Recréez ses ordres en employant l'impératif à la deuxième personne du singulier (la forme **tu**). Faites tous les changements nécessaires.

1. rester / assis _____

2. finir / ton dîner _____

3. ne pas parler si fort _____

4. être sage _____

5. rendre les écouteurs *(headphones)* à l'hôtesse _____

D. Voyageur à Paris — le savoir-faire de l'invité. Michael, un étudiant américain qui fait des études à Paris actuellement, va bientôt rentrer chez lui. Pour aider les étudiants américains qui viennent l'année prochaine, il a fait une liste des bonnes manières à suivre quand on est invité chez des Français. Remplacez les infinitifs par des impératifs à la deuxième personne du pluriel (la forme **vous**).

MODÈLE: saluer ses hôtes

Saluez vos hôtes.

1. **ne pas arriver** en avance

_____

2. **apporter** des fleurs à la maîtresse de maison *(hostess)*

_____

3. **serrer** la main de toutes les personnes présentes

_____

4. à table, **attendre** que la maîtresse de maison commence à manger la première

_____

5. **finir** son assiette (Laisser de la nourriture serait une insulte à la cuisinière.)

_____

6. **savoir** que les repas français durent longtemps; **avoir** de la patience

_____

L E Ç O N 1

Cap sur le vocabulaire!

A. Vive les voyages en train! Complétez le paragraphe suivant à l'aide des expressions proposées ci-dessous. Faites les changements nécessaires.

se faire la bise	une place de libre	faire la connaissance de
une couchette	des places réservées	se retrouver
à la prochaine	s'installer	rencontrer
bonne nuit	salut	bon week-end

J'adore voyager en train. Si je voyage la nuit, je prends toujours _____ (1)

pour pouvoir dormir. Avant de me coucher, je dis toujours: «_____ (2)» à mes

compagnons de voyage. Le train est pratique pour les personnes handicappées parce qu'il y a

_____ (3) pour elles. Le jour, le train est idéal pour _____ (4)

de nouvelles personnes. Quand je voyage avec mes amis, nous partons pour un temps limité. En général,

c'est pour le week-end, alors maman me dit: «_____ (5)»! Mes amis et moi,

nous _____ (6) à la gare. Bien sûr, pour nous dire bonjour, nous

_____ (7). Nous montons dans le train et cherchons _____ (8)

pour chaque personne. Puis, nous _____ (9). Si nous avons de la chance, nous

_____ (10) nouveaux amis. Nous leur disons: «_____ (11)»

et nous discutons. Quand nous descendons du train, nous leur souhaitons un bon voyage et nous leur disons:

_____ (12)»! parce que nous espérons les revoir, dans un autre train peut-être!

La grammaire à apprendre

Les verbes irréguliers: *suivre, courir, mourir, rire, conduire, savoir* et *connaître*

A. Little Brother vous surveille. *(Little Brother is watching you.)* En voyage en France, vous descendez chez de vieux amis français, Marc et Hubert. Leur petit cousin est très curieux, et il pose beaucoup de questions sur les Américains. Complétez son «interrogatoire» avec la forme correcte d'un des verbes suivants: **conduire, courir, mourir, rire, sourire, suivre, vivre.** Ensuite, répondez à ses questions.

1. Toi et ta famille, est-ce que vous _____ dans

   un gratte-ciel *(skyscraper)* à New York?

   _____

   _____

   _____

   _____

2. Est-ce que tout le monde aux Etats-Unis _____

   une grosse voiture?

   _____

   _____

   _____

3. Vous, les Américains, pourquoi est-ce que vous _____ à tout le monde quand vous vous promenez dans la rue? Nous trouvons ça bizarre!

_____

_____

4. Mon papy (grand-père) dit que beaucoup d'Américains ne sont pas en bonne santé, et qu'ils

_____ souvent de crises cardiaques. Est-ce que c'est vrai?

_____

_____

5. Et toi, qu'est-ce que tu fais comme sport pour rester en forme? Est-ce que tu _____?

_____

_____

6. Les petits garçons comme moi, est-ce qu'ils _____ des cours de français à l'école?

_____

_____

7. Mais, pourquoi est-ce que tu _____? Est-ce que je pose trop de questions?

_____

_____

C. Mademoiselle «Je sais tout». Marc, Alain et Hubert parlent d'une étudiante qui suit des cours d'art. Complétez leur dialogue avec les formes appropriées de **savoir** ou **connaître**.

MARC: Bonjour, Hubert. Comment ça va?

HUBERT: Salut, les gars (*guys*). Ça va très, très bien! Aujourd'hui, j'ai fait la connaissance d'une fille

super — Marine Dupré. Vous _____ (1) Marine?

MARC: Ça alors! Elle est dans mon cours d'histoire de l'art. Franchement, cette fille m'agace

(*irritates me*). Mademoiselle _____ (2) toujours tout! Ecoute! Toi, est-ce

que tu _____ (3) à quelle date Dubuffet a composé «Paris-Circus»?

Non? Eh bien, demande à Marine! Elle le _____ (4)! 1962!

HUBERT: Eh ben, tu m'excuseras, mais, moi, je la trouve sympa, cette fille! Est-ce que vous

_____ (5) où elle habite?

ALAIN: Non, mais tu _____ (6) la galerie Papin, rue du Four?

HUBERT: Oui, pourquoi?

ALAIN: C'est la galerie de sa mère.

MARC: Alors, bien sûr, c'est pour cette raison, que Marine _____ (7) person-

nellement plein d'artistes contemporains. Ça m'énerve!

HUBERT: Mais, qu'est-ce que tu as? Moi, je trouve qu'elle a de la chance!

MARC: Ouais... peut-être. Par contre, en pratique, pas de chance! Elle est nulle! Incapable de pein-

dre! Tous les étudiants de la classe _____ (8) mieux peindre qu'elle!

ALAIN: Oh là là! Calme-toi, mon vieux! Elle a refusé de sortir avec toi ou quoi? Ecoutez, nous

_____ (9) tous jouer au baby-foot, au moins! Allez, on oublie Marine, et

on va faire une partie de baby-foot au bar Cujas dans une demi-heure. A tout à l'heure!

Phrases: Greetings; introducing
Grammar: Present tense

C. Les Etats-Unis ne sont pas la France.
Relisez *Liens culturels: Arrivées et départs*
(page 10 de votre manuel). Ensuite,
expliquez ce qu'on fait et ce qu'on ne fait pas
aux Etats-Unis. Ecrivez deux petits paragraphes (un sur les présentations, un sur les
salutations). Utilisez une autre feuille de
papier. Essayez d'utiliser au moins dix des
expressions ou mots suivants.

(se) connaître
(s')embrasser
se faire la bise / faire la bise (à quelqu'un)
se serrer la main / serrer la main (à quelqu'un)
(se) saluer
s'étreindre (*to hug:* on s'étreint / ils s'étreignent)
sourire
présenter
faire la connaissance (de quelqu'un)
se rencontrer
se dire [bonjour] / dire [au revoir] (à quelqu'un)

LEÇON 2

Cap sur le vocabulaire!

A. Un voyage difficile! Le dernier voyage d'affaires de M. Leclerc n'a pas été sans difficulté. Complétez les phrases avec l'expression ou le mot approprié de la liste donnée. Faites les changements nécessaires. Puis, numérotez les phrases pour indiquer l'ordre logique des événements de l'histoire. La phrase numéro 1 a été numérotée pour vous.

annuler	un horaire	Quel temps fait-il?
l'arrivée	indiquer	Quelle heure est-il?
un billet	le quai	partir en voyage d'affaires
un billet aller-retour	un tarif	les renseignements
un billet aller-simple	valable	Tu as passé une bonne journée?
le départ	un vol	desservi(e)
les frais d'annulation	le guichet	Tu as entendu parler de ce qui s'est passé?

_____ Après son _____ (1) à Marseille, M. Leclerc est descendu du train. Sur

le _____ (2), on lui a _____ (3) où il fallait

prendre le car *(the bus)* pour Cassis.

_____ Quatre heures plus tard, le problème résolu, M. Leclerc était prêt à partir. Cette fois-ci, il a décidé

de prendre le train.

__1__ M. Leclerc devait partir en _____ (4). Il devait aller à Cassis, une petite

ville qui est _____ (5) par l'aéroport de Marseille. Il allait aller à

Marseille, puis de Marseille à Cassis. Pour faire ses valises, il voulait des informations sur le

temps. Il a demandé à sa femme: «A ton avis, _____ (6) à Cassis?»

_____ Le soir, il a enfin pu se détendre. De son hôtel à Cassis, il a téléphoné à sa femme pour lui donner

de ses nouvelles. Elle lui a demandé: «_____ (7)»? M. Leclerc a cru que

sa femme était ironique!

_____ Alors, M. Leclerc a dû _____ (8) son voyage en avion. Bien sûr, c'était

son patron qui allait payer les _____ (9).

_____ Il s'est renseigné sur les _____ (10) des trains par téléphone. Il y avait

justement un train pour Marseille qui partait dans une heure. Quand il est arrivé à la gare, il a

couru directement au _____ (11) pour acheter son

_____ (12). Il ne savait pas exactement quelle heure il était, alors il a

demandé à un passager: «_____»? (13) Pas de panique! J'ai le temps, a-

t-il pensé.

_____ Il a téléphoné à une agence de voyage pour avoir des _____ (14) sur les

_____ (15) des _____ (16) pour Marseille.

_____ Deux heures avant son _____ (17) pour l'aéroport, son patron lui a

téléphoné d'urgence. Il lui a demandé: «_____ (18) avec M. Roux,

notre client»? Nous avons besoin de toi pour résoudre un problème très grave avec M. Roux.

_____ Il faisait si beau à Cassis que M. Leclerc a décidé d'y prolonger son séjour. Il allait passer

quelques jours au soleil et ne plus être stressé! Heureusement que son billet de train était

_____ (19) pour deux mois!

_____ Après avoir demandé le prix d'un billet _____ (20), il a décidé

d'acheter un billet _____ (21) pour le vol.

La grammaire à apprendre

Les expressions de temps

B. Salut! Je me présente. Dans une auberge de jeunesse *(youth hostel)* en France, vous vous présentez
aux autres jeunes qui prennent le petit déjeuner ensemble. Faites des phrases en utilisant chaque fois une
expression de temps (il y a [= *ago*], depuis, il y a... que, ça fait... que, voilà... que).

1. voyager

_____

2. arriver / en France

_____

_____

3. famille / vivre / dans l'état de...

_____

_____

4. suivre / cours / à l'université de... (au lycée...)

_____

_____

5. étudier / français

_____

6. faire (du piano, du football, de la musique, du théâtre, etc.)

_____

Les noms

C. Règle ou exception? Etudiez bien les remarques sur le genre des noms français dans votre manuel (pages 22–24). Trois autres règles sur le genre des mots sont les suivantes:

- Les noms qui se terminent en **-in** sont généralement masculins.
- Les noms qui se terminent en **-ain** sont généralement masculins.
- Les noms qui se terminent en **-eur** sont généralement féminins.

Maintenant, étudiez la liste de mots ci-dessous. Encerclez les huit mots qui sont des exceptions aux règles que vous avez apprises.

la main	l'eau *(f)*	le train
l'arrivée *(f)*	le Mexique	le cadeau
la fleur	la nation	la nature
le voyage	la limonade	le billet
l'argent *(m)*	le festival	le musée
le grec	la plage	la réservation
la promenade	le bonheur	le chéquier
l'idée *(f)*	le magasin	la gentillesse
la fin	une couchette	la beauté
le squelette	le tourisme	la croisière
le chandail	la connaissance	l'Italie

A vous, maintenant!

Soyez créateurs et fantaisistes! Ecrivez trois phrases qui contiennent les exceptions que vous avez trouvées (utilisez chaque mot une fois). Ensuite, apprenez-les par cœur. Cela vous aidera à perfectionner votre français.

1. _____

_____

2. _____

_____

3. _____

_____

D. Les femmes au travail. Identifiez la profession de ces femmes.

MODÈLE: Marion Michalon dirige l'école Sainte Marie.

C'est une directrice d'école.

1. Mme Brigolin fait du pain et des pâtisseries.

_____

_____

2. Bénédicte Fiacre présente les vêtements de haute couture de Dior.

_____

3. Claire Duras travaille à l'usine Michelin.

_____

4. Denise Cartier joue du violon et de la flûte.

_____

_____

_____

5. Gisèle Druhen dirige la Banque Nationale de Paris.

_____

6. Elise Bourgeois traite des personnes malades.

_____

_____

_____

7. Florence Martin enseigne dans un lycée.

_____

8. Dominique Courjault fait du cinéma.

_____

9. Katell Derrien écrit des livres.

_____

10. Et votre mère ou votre sœur?

_____

E. Tout le monde est poète! Lisez ce poème et soulignez tous les pluriels irréguliers. Apprenez le poème par cœur, si vous voulez.

Les Hiboux

Ce sont les mères des hiboux
Qui désiraient chercher les poux
De leurs enfants, leurs petits choux,°   *here, term of endearment (their little darlings)*
En les tenant sur les genoux.

Leurs yeux d'or valent des bijoux
Leur bec est dur comme des cailloux,
Ils sont doux comme des joujoux,
Mais aux hiboux point de genoux!°   *[they have] no knees*

Votre histoire se passait où?
Chez les Zoulous? Les Andalous?
Ou dans la cabane bambou?
A Moscou? Ou à Tombouctou?
En Anjou ou dans le Poitou?
Au Pérou ou chez les Mandchous?
Hou! Hou!
Pas du tout, c'était chez les fous.

Robert Desnos

A vous, maintenant!

Ecrivez un petit «poème» (ce n'est pas nécessaire de le faire rimer) pour vous aider à retenir (remember) d'autres pluriels irréguliers. Essayez d'utiliser au moins huit des mots suivants. Utilisez une autre feuille de papier.

pneus	chandails	mesdemoiselles
festivals	cieux	mesdames
carnavals	yeux	gratte-ciel
détails	messieurs	

F. Portrait de famille. Complétez la description de la famille Duchet en mettant les mots entre parenthèses au pluriel.

La famille Duchet compte cinq (personne) _____ (1). M. Duchet est

ingénieur des (eau) _____ (2) et (forêt) _____ (3).

Mme Duchet vend des (produit) _____ (4) pharmaceutiques aux (hôpital)

_____ (5) de la région de Marseille. M. et Mme Duchet ont deux

(fils) _____ (6) et une fille. L'aîné, Alain, a l'air d'un Don Juan. Il a les

(cheveu) _____ (7) bruns, les (œil) _____ (8)

bleus et il adore bavarder avec les (fille) _____ (9). Il fait du théâtre et se

rend à tous les (festival) _____ (10) de théâtre d'Avignon. Son frère Laurent

passe son temps à lire les (journal) _____ (11) et à regarder les

(actualité) _____ (12) à la télévision. Il veut se spécialiser en (science)

_____ (13) politiques. La cadette, Catherine, a treize ans. Elle adore

les (bijou) _____ (14) et les (jeu) _____ (15)

vidéo. Elle a une énorme collection d'(animal) _____ (16) en peluche, et elle

voudrait être vétérinaire. Les (Duchet) _____ (17) s'entendent bien. Alain,

Laurent et Catherine aident leurs (parent) _____ (18) dans les (travail)

_____ (19) ménagers (housework). M. et Mme Duchet respectent les

(choix) _____ (20) de leurs (enfant) _____ (21).

Bref, c'est une famille très unie.

LEÇON 3

Cap sur le vocabulaire!

A. Eh bien, mon chéri... Le petit Simon pose toujours beaucoup de questions. Son père est très patient et essaie de lui répondre chaque fois qu'il pose une question. Quelle question Simon a-t-il posée pour chacune des réponses suivantes?

— Papa, c'est quoi «encaisser»?

— Eh bien, mon chéri, quand tu «encaisses» un chèque, tu l'apportes à la banque et ils te donnent de

l'argent — des billets de banque et des pièces de monnaie.

— Papa, c'est quoi «_____» (1)?

— Eh bien, mon chéri, c'est une petite carte en plastique que tu utilises pour acheter des choses. Ils passent

la carte dans une machine, tu signes un petit papier et tu paies la facture plus tard.

— Papa, c'est quoi «_____» (2)?

— Eh bien, mon chéri, c'est un carnet — une sorte de petit livre — dans lequel tu gardes tes chèques.

A vous, maintenant!

— Papa, c'est quoi «un portefeuille»?

— _____

_____

— Papa, c'est quoi «un chèque de voyage»?

— _____

_____

B. Des rapports formels ou informels? Pour chaque situation donnée, indiquez si les rapports entre les personnes sont formels ou informels. Puis, écrivez ce que chaque personne a probablement dit. Plusieurs réponses sont parfois possibles.

1. Maman demande à Pierre d'ouvrir la porte.
   Formel – Informel?

   _____

2. M. Sinan demande à son collègue d'ouvrir la fenêtre.
   Formel – Informel?

   _____

3. Claudine demande à son mari de l'aider à nettoyer les fenêtres.
   Formel – Informel?

   _____

4. M. Knaff, un homme d'affaires, arrive dans un hôtel à Paris. Il demande des renseignements pour trouver la réception.
   Formel – Informel?

   _____

5. Simon part en vacances pour un mois. Il monte dans le train avec trois valises très lourdes. Son père lui propose de l'aider à mettre les valises dans le train.
   Formel – Informel?

   _____

La grammaire à apprendre

Le conditionnel

C. Une demande de renseignements. Mary Heart veut passer un an à faire des études à Paris. Elle écrit une lettre très polie au CIDJ pour demander des renseignements. Mettez les verbes entre parenthèses au conditionnel.

 CENTRE D'INFORMATION ET DE DOCUMENTATION JEUNESSE
101, QUAI BRANLY - 75740 PARIS CEDEX 15 - TELEX C.I.D.J. 250 907 F

Monsieur,

J'ai l'honneur de vous écrire pour vous demander des renseignements sur les programmes d'études et l'hébergement pour étudiants étrangers à Paris.

Je (vouloir) _____ (1) passer un an dans une école de la région parisienne. Je suis étudiante en histoire de l'art et un séjour en France (être) _____ (2) très utile à mes études. (Pouvoir) _____ (3) -vous m'envoyer une documentation sur les programmes d'études en histoire de l'art?

> Cela me (plaire) _____ (4) beaucoup
> d'habiter près du Louvre. J'(aimer) _____ (5)
> louer une chambre. (Avoir) _____ (6) -vous la
> gentillesse de m'indiquer le prix moyen des loyers (rental fees)
> dans ce quartier?
>
> Il (falloir) _____ (7) que j'organise mon
> séjour à Paris rapidement. Je vous (être) _____
> (8) reconnaissante (grateful) de bien vouloir m'écrire aussitôt
> que possible.
>
> Avec mes remerciements anticipés (in advance), veuillez
> agréer, monsieur, l'expression de mes sentiments distingués.
>
> **Mary Heart**

D. Vive les vacances! Les vacances et les voyages offrent des possibilités formidables dans le domaine du tourisme et des activités de loisir. Utilisez le conditionnel pour dire ce que feraient différentes personnes si elles avaient le temps et les moyens (means) de voyager ou de se détendre (relax).

1. Nous rendons visite à nos cousins bretons.

   _____

   _____

   _____

   _____

2. Les Rollandeau passent un mois en Martinique.

_____

3. Tu suis des cours d'été en Suisse.

_____

4. Je choisis de faire des randonnées cyclistes à la campagne.

_____

5. Marc emmène ses enfants à Disneyland Paris.

_____

6. Vous prenez l'avion pour la Réunion.

_____

7. Maman fait du jardinage.

_____

8. Je vais aux Antilles.

_____

9. Nous voyons nos voisins plus souvent.

_____

10. Les Blanc envoient leurs enfants chez leurs grands-parents.

_____

11. On descend sur la Côte d'Azur.

_____

12. Tu viens me voir dans notre maison de campagne.

_____

Phrases: Hypothesizing
Vocabulary: Entertainment; leisure; traveling
Grammar: Sequence of tenses with **si**

E. On peut toujours rêver... Ecrivez un petit paragraphe pour dire ce que vous feriez (1) si vous étiez en vacances, (2) si vous pouviez faire un voyage ou (3) si vous aviez plus de temps libre. Utilisez le conditionnel pour tous les verbes qui indiquent ce que vous **feriez** *(would do)*. Utilisez une autre feuille de papier.

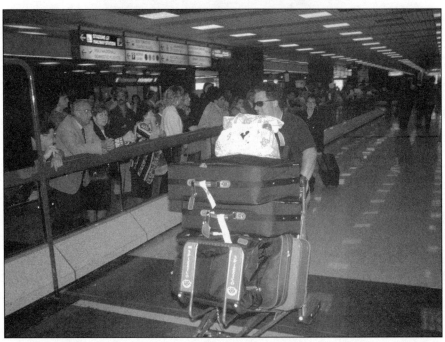

EXERCICES DE LABORATOIRE

PHONÉTIQUE

L'accentuation   CD1–2

Dans la prononciation d'un mot, en anglais, certaines syllabes sont accentuées; d'autres ne le sont pas. En français on met la même force d'accent sur chacune des syllabes d'un mot. Prenez un mot de trois syllabes comme **autrefois**. Tapez trois coups de même intensité sur une table à l'aide d'un stylo, et vous aurez une idée du rythme à garder.

A. Ecoutez et répétez les mots suivants.

français	*anglais*
mathématiques	mathematics
attitude	attitude
facilité	facility
télévision	television
responsabilité	responsibility

B. Ecoutez et répétez les mots ci-dessous.

téléphone	comptabilité	haricots verts
décapotable	Pablo Picasso	passer un examen
proportion	supermarché	anticonstitutionnellement

L'intonation   CD1–3

L'intonation d'une phrase déclarative française s'organise autour des unités sémantiques qu'elle contient. Elle s'élève avec chaque nouveau groupe et descend à la fin de la phrase. S'il n'y a qu'un seul groupe sémantique reconnaissable, l'intonation sera descendante.

Exemples: *Phrase courte (un seul groupe sémantique)*

Je fais mes devoirs.

Phrase longue (plusieurs groupes sémantiques)

D'habitude, je fais mes devoirs dans ma chambre en regardant la télévision.

C. Ecoutez et répétez les phrases suivantes. Faites aussi attention à l'accentuation.

1. Ils ne l'ont pas compris.

2. Tu bois de l'eau minérale.

3. Elle étudie la comptabilité.

4. Véronique a une bonne personnalité.

5. Quand il va préparer le dîner, il se lave les mains et met un tablier avant d'entrer dans la cuisine.

6. Nous irons au supermarché avec nos amis quand ils auront réparé leur automobile.

7. Avant de passer son examen, il a téléphoné à son ami qui est très bon en mathématiques.

8. Pablo Picasso sera toujours célèbre grâce à ses tableaux et à ses dessins.

D. Maintenant, écoutez et répétez ce paragraphe. Ajoutez de petites flèches *(arrows)* pour indiquer l'intonation de la phrase.

Véronique n'est pas allée en classe aujourd'hui. Elle était malade. Du moins, elle a dit qu'elle était malade. En réalité, elle a menti. Elle avait envie de conduire sa décapotable *(convertible)* au supermarché pour y acheter des provisions. Elle n'est pas raisonnable. Elle aurait mieux fait d'aller en classe et de travailler. Elle ne réussira jamais dans la vie avec une attitude comme celle-là.

LEÇON 1

Conversation CD1–4

A. Les salutations. Les salutations sont un aspect très important de la civilisation française. Ecoutez la Conversation (manuel, **chapitre 1**, leçon 1), en prêtant attention aux expressions pour saluer, se présenter et prendre congé.

Maintenant, écoutez et répétez les phrases suivantes. Imitez l'intonation de la phrase et les expressions qu'on utilise pour saluer, se présenter et prendre congé.

1. Je me présente. Je m'appelle Charles Moiset.
2. Permettez-moi de vous présenter ma femme, Madame Kairet.
3. Enchanté de faire votre connaissance.
4. Nancy, je te présente Monsieur et Madame Kairet.
5. Bonjour, mademoiselle. Comment allez-vous?
6. Bonjour, madame; bonjour, monsieur. Je suis heureuse de faire votre connaissance.

B. La bonne réponse. Ecoutez les phrases, et choisissez la bonne réponse.

_____ 1. a. Enchanté(e), Monsieur.
   b. Salut, Charles!
   c. Bonjour. Ça va?

_____ 2. a. Alors, à la prochaine!
   b. Bonne soirée!
   c. A ce soir!

_____ 3. a. Très bien, merci. Et vous-même?
   b. Pas mal, merci. Et toi?
   c. Très heureuse.

La grammaire à apprendre

Les verbes irréguliers: *suivre, courir, mourir, rire, conduire, savoir* et *connaître*   CD1–5

C. Au programme de ce soir. Quelques amis, qui sont des mordus de télévision *(television fans)*, en discutent ce soir autour d'un café. Ils rient beaucoup en s'interrogeant sur les programmes qu'ils aiment. Répondez aux questions que vous entendrez en incluant les mots-clés ci-dessous.

MODÈLE: *Vous lisez:* **Oui, ils...**

   Vous entendez: Des athlètes français courent-ils à la télévision ce week-end?

   Vous répondez: **Oui, ils courent à la télévision ce week-end.**

1. Oui, je...
2. Oui, il...
3. Oui, nous...
4. Oui, ils...

5. Non, nous...
6. Non, je...
7. Non, je...

D. Je sais tout, je connais (presque) tout. Philippe cherche à impressionner une étudiante américaine qu'il a rencontrée récemment chez des amis communs. Ecoutez ce qu'il dit. (Vous pouvez écouter deux fois si nécessaire.)

Maintenant, répondez aux questions suivantes en choisissant une des deux réponses possibles et en utilisant le verbe **connaître** ou **savoir**.

MODÈLE: *Vous lisez:* **tous les monuments / presque tous les monuments**

   Vous entendez: Philippe sait où se trouvent combien de monuments?

   Vous répondez: **Philippe sait où se trouvent presque tous les monuments.**

1. Paris / Bordeaux
2. Oui / Non
3. Oui / Non

4. un artiste-peintre / un professeur
5. chanter / peindre
6. parler anglais / parler de cuisine

LEÇON 2

Conversation   CD1–6

A. La pluie et le beau temps. En français, il faut savoir parler de la pluie et du beau temps *(to make small talk)*. Ecoutez la Conversation (manuel, **chapitre 1**, leçon 2), en prêtant attention aux expressions pour discuter.

Maintenant, écoutez et répétez les phrases suivantes. Imitez l'intonation de la phrase et les expressions qu'on utilise pour discuter.

1. Laurence, vous allez loin?
2. C'est la première fois que vous allez en Turquie?
3. Ah, c'est joli quand même par ici...
4. Oui, le paysage est très beau.
5. Est-ce qu'il y fait chaud à cette époque-ci?
6. Oui, il y fait chaud mais l'air est sec. Ça va nous faire du bien.

La grammaire à apprendre

Les expressions de temps   CD1–7

B. Dans le train. Susan suit des cours à l'université de Rouen. Dans le train, elle rencontre Chantal, une étudiante française. Chantal lui pose des questions. Reconstituez les questions de Chantal d'après les réponses données par Susan. N'utilisez pas l'inversion dans vos questions. La première partie de votre réponse est donnée.

MODÈLE: *Vous lisez:* **Depuis quand...**

Vous entendez: J'habite Rouen depuis le 25 mars.

Vous répondez: **Depuis quand est-ce que tu habites Rouen?**

1. Quand...

2. Il y a combien...

3. Ça fait combien...

4. Quand...

5. Combien...

6. Depuis quand...

7. Depuis combien...

C. Confidence pour confidence. Maintenant, c'est Chantal qui parle d'elle-même. Ecoutez attentivement ce qu'elle dit. (Vous pouvez écouter deux fois si nécessaire.)

Maintenant, écoutez les phrases qu'on va vous lire et décidez si elles sont vraies ou fausses. Entourez la réponse de votre choix.

1. VRAI   FAUX

2. VRAI   FAUX

3. VRAI   FAUX

4. VRAI   FAUX

5. VRAI   FAUX

Les noms   CD1–8

D. Quelle coïncidence! Deux autres voyageuses découvrent qu'elles ont beaucoup en commun. Dès que l'une d'entre elles mentionne un détail ayant trait à un membre de son entourage, l'autre établit aussitôt une comparaison. Ecoutez les phrases et répondez en imitant le modèle qui suit et en utilisant les mots-clés ci-dessous.

MODÈLE: *Vous lisez:* **Ma tante...**

Vous entendez: Mon père est directeur.

Vous dites: **Ma tante aussi est directrice!**

1. Mon cousin...

2. Ma grand-mère...

3. Mon frère...

4. Ma cousine...

5. Moi aussi, j'ai une amie...

6. Ma mère...

7. Ma tante...

8. Ma sœur cadette...

E. C'est l'âge. Vous avez parmi vos voisins une très vieille dame à qui vous allez souvent rendre visite après les cours. Vous allez ici assumer son rôle et répondre aux questions en substituant par son pluriel le nom que vous entendrez et en utilisant les mots-clés ci-dessous. Faites tous les autres changements nécessaires.

MODÈLE: *Vous lisez:* **Oui...**

　　　　　Vous entendez: Votre chat est-il dans le jardin?

　　　　　Vous répondez: **Oui, mes chats sont dans le jardin.**

1. Oui,...

2. Non,...

3. Non,...

4. Non,...

5. Oui,...

6. Oui,...

LEÇON 3

Conversation　CD1–9

A. C'est bien de pouvoir aider les autres. Ecoutez la Conversation (manuel, **chapitre 1**, leçon 3), en prêtant attention aux expressions pour demander ou offrir un service.

Maintenant, écoutez et répétez les phrases suivantes. Imitez l'intonation de la phrase et les expressions qu'on utilise pour demander ou offrir un service.

1. Si ça ne vous dérangeait pas, est-ce que vous pourriez ouvrir la fenêtre?

2. Est-ce que tu veux que je t'aide?

3. Attends, je vais t'aider.

4. Tu pourrais me donner un coup de main?

5. Merci, je me sens déjà mieux.

B. La bonne réponse. Ecoutez les mini-dialogues, et indiquez si l'offre d'aide a été acceptée (+) ou refusée (–).

1. ＋　－

2. ＋　－

3. ＋　－

4. ＋　－

La grammaire à apprendre

Le conditionnel　CD1–10

C. Et les bonnes manières? Caroline a souvent recours aux *(has recourse to)* membres de sa famille quand elle a besoin de quelque chose. Mais elle a tendance à se montrer impolie. A l'aide du conditionnel, aidez Caroline à corriger ses manières en modifiant les phrases qu'elle prononce.

MODÈLE: *Vous entendez:* Tu as un peu d'argent à me prêter?

　　　　　Vous dites: **Tu aurais un peu d'argent à me prêter?**

(Items 1–6)

D. Dans le Paris–Grandville. Vous voyagez dans un train bondé *(crowded)* et vous percevez des bribes *(bits)* de conversation entre certains passagers. Ecoutez les réponses et reconstituez les questions à l'aide des éléments donnés. Utilisez l'inversion et n'oubliez pas d'employer le conditionnel.

MODÈLE: *Vous entendez:* Oui, je peux vous aider à descendre votre valise.

Vous demandez: **Pourriez-vous m'aider à descendre ma valise?**

(Items 1–6)

Dictée   CD1–11

E. Extrait d'un journal intime. En rangeant les affaires de sa fille, partie à l'université depuis un mois, Madame Duprès trouve le journal que sa fille écrivait quand elle avait douze ans. Elle va vous en lire un passage que vous écrirez soigneusement. D'abord, elle lira le passage en entier. Ensuite, elle lira chaque phrase deux fois. Enfin, elle relira tout le passage pour que vous puissiez vérifier votre travail. Ecoutez.

_____

_____

_____

_____

_____

_____

_____

_____

_____

_____

_____

_____

_____

_____

_____

_____

Compréhension

Le TGV   CD1–12

Les conversations du premier chapitre ont lieu dans le train. Vous allez entendre des annonces faites au haut-parleur. Ecoutez le CD et imaginez que vous êtes aussi dans le train.

F. Mon billet! Quel billet avez-vous?

1.
| Paris – Nice |
| TGV 645 |
| 12h10 |

2.
| Paris – Genève |
| TGV 947 |
| 13h07 |

3.
| Paris – Nice |
| TGV 845 |
| 12h10 |

Carte de la desserte TGV

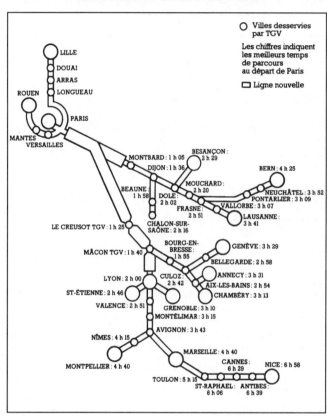

G. Ah, les vacances! Vous voulez arriver à votre destination sans problème. Dites oui ou non aux phrases suivantes d'après le CD.

Oui ou non?

_____ **1.** Le TGV passe au moins dix minutes dans la gare de Lyon.

_____ **2.** Vous allez prendre une correspondance pour aller à Nice.

_____ **3.** Le train s'arrête à Cannes.

_____ **4.** Il faut avoir une réservation pour le TGV.

_____ **5.** Les portières se ferment automatiquement.

Les jeux Olympiques de Sydney   CD1–13

Vous entendez un reportage à la radio sur la cérémonie d'ouverture des jeux Olympiques de Sydney. Ecoutez attentivement ce reportage.

H. La cérémonie d'ouverture des Jeux. Répondez aux questions suivantes d'après les informations données dans le reportage.

1. Où et quand est-ce que la flamme olympique a été allumée?

   _____

2. Quel a été le rôle de Cathy Freeman?

   _____

3. Qui a fait un discours durant la cérémonie?

   _____

4. Combien de temps a duré le voyage de la flamme olympique en Australie?

   _____

5. En quoi a consisté le spectacle d'ouverture des Jeux de Sydney?

   _____

I. Des chiffres. Selon le reportage, choisissez les chiffres corrects.

_____ 1. Les jeux Olympiques de Sydney sont les:

     a. 7e jeux Olympiques   **b.** 17e jeux Olympiques   **c.** 16e jeux Olympiques

_____ 2. Le nombre de spectateurs à Sydney était de:

     a. 10 000   **b.** 1 100 000   **c.** 110 000

_____ 3. Le nombre de téléspectateurs était de:

     a. 3,5 milliards   **b.** 3,5 millions   **c.** 110 000

_____ 4. La flamme olympique a parcouru:

     a. 12 500 kilomètres   **b.** 10 200 kilomètres   **c.** 27 000 kilomètres

_____ 5. Le nombre d'athlètes aux jeux Olympiques de Sydney était de:

     a. 12 500   **b.** 10 200   **c.** 16 000

_____ 6. Le nombre de disciplines olympiques représentées à Sydney était de:

     a. 28   **b.** 22   **c.** 18

Sujets de conversation   CD1–14

Dans ce chapitre, vous avez appris à initier la conversation avec les autres. Les sujets suggérés sont le temps, l'heure, les cours, les sports, etc. Regardez la carte et les symboles ci-dessous. Comme vous le savez, la France est divisée en régions. Le météorologiste va mentionner ces régions. Ensuite, écoutez le CD.

MOTS UTILES: orage *(m) storm*   nuageux *cloudy*
              orageux *stormy*   les averses *(f pl) showers*

J. Quel temps fait-il? Selon le bulletin météorologique, indiquez quel temps il fait dans les régions suivantes. Après avoir complété cet exercice, vous pouvez ajouter les symboles correspondants sur la carte des régions à la page précédente.

1. A l'est, sur l'Alsace, la Lorraine, la Franche-Comté et la région Rhône-Alpes: _____

   _____

2. Sur les massifs montagneux du Jura et des Alpes: _____

   _____

3. Au sud-ouest, sur l'Aquitaine, le Limousin, le Languedoc: _____

   _____

4. Au sud, sur les régions méditerranéennes: _____

   _____

5. A l'ouest, sur la Bretagne, la Normandie et les pays de la Loire: _____

   _____

6. Sur la Champagne et le Centre: _____

   _____

K. Quelle température fait-il? Indiquez quelles sont les températures dans les villes suivantes. Après avoir complété cet exercice, vous pouvez ajouter les températures sur la carte (page 27).

1. A Dijon: _____   4. A Tours: _____

2. A Annecy: _____   5. A Bordeaux: _____

3. A Nantes: _____   6. A Nîmes: _____

L. Activités. Selon le temps qu'il fait, dans quelle région est-ce que vous allez...

1. si vous aimez le vent? _____

2. si vous adorez la chaleur? _____

3. pour voir le soleil? _____

4. si vous êtes sûr(e) d'apporter votre parapluie? _____

EXERCICES ÉCRITS

CHAPITRE

Je t'invite...

LA GRAMMAIRE À RÉVISER

Avant la première leçon

Quelques verbes irréguliers: le présent

A. Test culturel. Donnez la forme correcte du verbe entre parenthèses. Ensuite, devinez si la phrase est vraie (**V**) ou fausse (**F**).

MODÈLE: _____   En France, on (manger) _____ généralement beaucoup au petit déjeuner.

      F   En France, on *mange* généralement beaucoup au petit déjeuner.

_____ **1.** A table en France, on (tenir) _____ toujours la fourchette dans la main droite.

_____ **2.** A table aux Etats-Unis, nous (mettre) _____ la main gauche sur les genoux,

sous la table. Les Français (croire) _____ que c'est très bizarre.

_____ **3.** A un dîner de cérémonie en France, on (pouvoir) _____ manger une pêche

avec les doigts.

_____ **4.** En France, quand des invités (venir) _____ dîner, nous leur

(servir) _____ des jus de fruits à la fin de la soirée, après quoi ils

(partir) _____.

_____ **5.** En France, quand votre hôtesse (servir) _____ quelque chose à boire,

pour refuser, vous (dire) _____ «merci». Aux Etats-Unis, il (falloir)

_____ dire «non, merci».

_____ **6.** Les enfants français (faire) _____ beaucoup de bruit à table. Leurs parents

(permettre) _____ ça.

_____ **7.** En France, on (prendre) _____ la salade après le plat principal, et le café

après le dessert.

_____ **8.** A l'heure de l'apéritif en France, on (devoir) _____ boire de l'alcool.

Avant la deuxième leçon

Les articles définis

B. Préférences. Voici une description des goûts de Michèle, une Française de vingt-cinq ans.
Construisez des phrases avec les éléments donnés: mettez les verbes au présent et ajoutez les articles
définis. Attention aux formes contractées de l'article défini (**du, des, au, aux**).

1. Michèle / détester / jogging / et / tennis

_____

_____

2. En fait, elle / avoir horreur / de / activité physique

_____

_____

3. Elle / regarder souvent / vieux / films / de / années 50 / à / télévision

_____

_____

4. week-end / elle / aimer / visiter / expositions / de / musée *(m)* d'Art moderne / de / ville / où / elle / habiter

_____

_____

5. Quand elle / sortir / à / restaurant / elle / préférer / cuisine chinoise — surtout / poulet / à / amandes

_____

_____

Les articles indéfinis

C. Le panier de la ménagère. Mme Mareau fait ses courses à l'épicerie de son quartier. Voici ce qu'il y a dans son panier *(basket)*. Complétez le paragraphe suivant en ajoutant des articles indéfinis.

Dans le panier de Mme Mareau, il y a _____ (**1**) bonne bouteille de vin rouge, _____ (**2**) œufs

bien frais, _____ (**3**) petit paquet de spaghettis, _____ (**4**) pommes vertes et _____ (**5**) gros

concombre. A la boulangerie, elle va acheter _____ (**6**) baguette pas trop cuite et _____ (**7**) pain

complet.

Les articles partitifs

D. Une recette. Voici une recette française. Faites une liste des ingrédients qu'il vous faut pour préparer ce plat. Utilisez des articles partitifs.

Tomates au thon
(4 personnes)

Les ingrédients:

4 grosses tomates
100 g de thon à l'huile
3 jaunes d'œufs cuits durs
2 gousses d'ail pressées
  (2 cloves of garlic, crushed)

3 cuillerées à soupe de mayonnaise
quelques brins de fines herbes
une pincée de sel
une pincée de poivre
1 petite laitue

La préparation:

Coupez la partie où se trouve la queue des tomates et videz chaque tomate avec une petite cuillère. Mélangez bien le thon, les jaunes d'œufs, l'ail, la mayonnaise, quelques herbes, le sel et le poivre. Garnissez l'intérieur des tomates avec ce mélange. Servez les tomates sur un lit de feuilles de laitue.

MODÈLE: Pour faire une sauce vinaigrette, il me faut *du vinaigre, de l'huile, de la moutarde, du sel et du poivre.*

Pour faire des tomates au thon, il me faut...

_____

_____

_____

Les expressions de quantité

E. Une carte postale. Vous venez d'écrire à une amie française. En relisant votre carte postale, vous trouvez qu'elle n'est pas assez précise. Refaites la carte en ajoutant à chaque numéro une des expressions de quantité suivantes: **assez de, autant de, beaucoup de, tant de, trop de, un morceau de, un peu de.** Utilisez chaque expression une seule fois, et **faites les changements de texte nécessaires.**

Chère Monique,

Après une semaine de cours, j'ai déjà _____ (1)

devoirs et pas _____ (2) temps! Sur le campus, il y

a _____ (3) activités sociales et sportives qui me

plaisent. J'aime bien mon cours de civilisation française. Hier, nous avons

apporté _____ (4) fromage français en classe. C'était

délicieux. Le prof nous apprend _____ (5) choses

intéressantes sur l'art culinaire français! Et toi? Est-ce que tu lis toujours

_____ (6) livres sur les Etats-Unis dans ton cours

d'anglais? Ecris-moi quand tu auras _____ (7) temps!

Grosses bises!

Avant la troisième leçon

Les mots interrogatifs

F. Des détails de dernière minute. Les Rogui attendent leurs invités. Mme Rogui est un peu nerveuse et pose diverses questions à son mari. Ajoutez le mot interrogatif approprié pour compléter ses questions.

1. _____ de bouteilles de vin blanc est-ce qu'il y a dans le réfrigérateur? Nous en avons assez?

2. _____ est-ce que tu trouves ma sauce Mornay? Elle n'est pas trop salée?

3. Chéri, je ne trouve pas le tire-bouchon *(corkscrew)*. _____ est-il?

4. Mais, _____ est-ce que tu mets des cendriers *(ashtrays)* dans la salle de séjour? Nos invités ne fument pas!

5. _____ est-ce que tu voudrais servir des jus de fruits? Vers minuit?

LEÇON 1

Cap sur le vocabulaire!

A. Des invitations. Dans la vie, il faut savoir inviter, accepter et refuser. Complétez les petits dialogues suivants avec une expression convenable (une question ou une réponse). Attention! Est-ce qu'il s'agit de rapports formels?

1. Pourriez-vous dîner avec ma femme et moi vendredi prochain?

   _____

   _____

2. _____

   _____?

   Oh, c'est très sympa, mais je peux pas. Une autre fois, peut-être?

3. Ça t'intéresse d'aller danser le swing ce soir?

   _____

   _____

4. _____

   _____?

   Très volontiers. Ça me ferait grand plaisir.

B. Des projets. Mathis invite Romane à sortir. Est-ce qu'elle va accepter? Complétez les phrases suivantes à l'aide des mots proposés. Faites les changements nécessaires.

prochain	rien de prévu	poser un lapin
prendre un pot	D'accord!	passer un coup de fil
avoir envie de	idée	ton agenda
projets	Entendu!	vérifier

MATHIS: Romane, est-ce que tu as des _____ (1) pour le week-end

_____ (2)?

ROMANE: Non je n'ai _____ (3). Faisons des projets!

MATHIS: _____ (4)! Qu'est-ce que tu _____ (5)

faire? Moi, j'aimerais bien _____ (6) avec toi. S'il fait beau, nous

pourrons nous asseoir à la terrasse d'un café en ville.

ROMANE: C'est une bonne _____ (7)!

MATHIS: Je vais te _____ (8) ce soir. Comme ça, tu peux

_____ (9) _____ (10).

ROMANE: _____ (11)! Ne t'inquiète pas! Je ne vais pas te

_____ (12)! Alors, à ce soir, au téléphone!

La grammaire à apprendre

Les verbes irréguliers: *boire, recevoir, offrir* et *plaire*

C. Ça vous plaît? Répondez aux questions en employant le verbe **plaire** ou **déplaire** au présent.

MODÈLE: Aimez-vous la cuisine anglaise? Quel (autre) genre de cuisine aimez-vous?

La cuisine anglaise me déplaît. La cuisine italienne me plaît beaucoup.

1. Est-ce que vous aimez les livres de science-fiction? Quels (autres) genres de livres est-ce que vous aimez?

_____

_____

_____

2. Est-ce que vos grands-parents aiment la musique de Creed? Quels (autres) genres de musique aiment-ils?

_____

_____

_____

3. Vous et vos amis, aimez-vous les films violents? Quels (autres) genres de films aimez-vous?

_____

_____

_____

4. Est-ce que votre professeur de français aime son travail?

_____

_____

_____

D. Les Français reçoivent. Un Français décrit à un Américain les boissons servies quand on reçoit des invités. Complétez le paragraphe en utilisant la forme correcte d'un des verbes suivants: **boire, offrir, ouvrir, plaire, recevoir.**

De temps en temps, ma femme _____ (1) des collègues, mais nous

_____ (2) surtout la famille et les amis intimes à dîner chez nous. Avant le

repas, nous _____ (3) un apéritif. Des boissons apéritives comme le pastis

(anise-based drink), le whisky ou le porto _____ (4) à tout le monde en général,

mais si on ne _____ (5) pas d'alcool, il y a toujours des jus de fruits. A table,

nous _____ (6) du vin. Les enfants _____ (7) de l'eau. On

_____ (8) parfois une bouteille de champagne pour accompagner le dessert.

Après le repas, on _____ (9) du café et un digestif *(after-dinner drink)*.

Vocabulary: Drinks; people
Grammar: Present tense; definite article; indefinite
article; partitive article

SYSTÈME-D

E. Et aux Etats-Unis? Qui est-ce qu'on reçoit? Qu'est-ce qu'on leur offre? Qu'est-ce qu'on boit aux différents moments de la soirée? Ecrivez un petit paragraphe comme celui de l'exercice D pour expliquer à un Français les coutumes des Américains. (Vous pouvez parler de votre famille, de vous et vos amis ou des Américains en général.) Utilisez une autre feuille de papier.

LEÇON 2

Cap sur le vocabulaire!

MENU

L'Atrium vous propose...

Buffet froid

Assiette de charcuterie	6,90 €
Assiette-jambon de Paris	5,70 €
Œuf dur mayonnaise	3,20 €

SALADES COMPOSEES

Salade de saison	3,20 €
Thon et pommes de terre à l'huile	4,70 €
Salade niçoise (thon, anchois, œuf, pommes de terre, tomate, poivron vert)	7,70 €
Artichauts vinaigrette	4,00 €

ŒUFS

Omelette nature	4,70 €
Omelette jambon	5,15 €

Buffet chaud

VIANDES

Côtelettes de porc	6,20 €
Côtes d'agneau aux herbes	10,75 €
Brochette de poulet	9,20 €
Steak frites	6,90 €
Lapin	6,90 €
Veau à la crème	8,50 €

LEGUMES

Asperges	2,40 €
Choucroute	6,60 €
Epinards	1,95 €
Petits pois	1,95 €
Haricots verts	2,70 €

PATES | 3,25 €

FROMAGES

Chèvre	2,90 €
Fromage blanc	3,10 €
Gruyère-Camembert	2,90 €
Yaourt	2,30 €
Roquefort	3,10 €

Gourmandises

DESSERTS

Tarte aux pommes	3,90 €
Crème caramel	3,10 €
Coupe de fruits au Cointreau	3,10 €

GLACES – SORBETS

Poire Belle Hélène (poire, glace vanille, sauce chocolat, chantilly, amandes grillées)	4,75 €
Banana Split (glace vanille, fraise, chocolat, banane, chantilly)	5,20 €

BOISSONS FRAICHES

1/4 Perrier	2,75 €
1/4 Vittel	2,75 €
Fruits frais pressés	3,10 €
Lait froid	1,90 €
Orangina	2,75 €

VINS (au verre)

Côtes-du-Rhône	2,40 €
Beaujolais	3,10 €
Sauvignon	2,40 €
Bordeaux blanc	2,40 €

BIERES

Pression	1,55 €
Heineken	2,52 €
Kronenbourg	2,40 €

Service 15% compris. Nous acceptons la «Carte Bleue». La direction n'est pas responsable des objets oubliés dans l'établissement.

A. L'interprète commande. *(The interpreter orders.)* Vos amis ont faim, mais ils ne comprennent pas la carte française. Consultez la carte, et donnez le nom français des plats ou des boissons qui conviennent à chaque personne.

1. John: I want something cold to eat, but I don't want meat or fish.

   _____

2. Karen: I'd like some main dish I'd not be likely to find in the U.S.

   _____

3. Tom: Is there anything cold that has fish in it?

   _____

4. Sarah: I'd like a dessert that has whipped cream, but no nuts.

   _____

5. Terry: I'd like some cheese, but I'm allergic to cow's milk.

   _____

6. Jo: I want some vegetables, but I only like beans and carrots.

   _____

La grammaire à apprendre

Les articles: choisir l'article approprié

B. France – U.S.A.: Les habitudes culinaires. Complétez les phrases sur les habitudes culinaires des Français en mettant l'article approprié dans les blancs. Puis, écrivez une phrase analogue sur les habitudes culinaires américaines.

MODÈLE: La crème caramel est un dessert typique français.

   La tarte aux pommes est un dessert typique des Etats-Unis.

1. _____ vin et _____ eau minérale sont _____ boissons les plus

   populaires en France. Aux Etats-Unis, _____

   _____

2. Pour _____ petit déjeuner, _____ Français typique prend _____ bol *(m)* _____ café au lait

   et _____ tartines (_____ pain avec _____ beurre et _____ confiture).

   L'Américain typique _____

   _____

3. Comme produits laitiers *(dairy products)*, _____ Français consomment _____ yaourts et

_____ fromage. Ils ne boivent pas beaucoup _____ lait pur.

Les Américains _____

_____

4. A Noël, on mange _____ huîtres *(oysters)* et _____ dinde aux marrons *(chestnuts)*. On ne boit

pas _____ «eggnog».

En Amérique, _____

_____

5. A quatre heures, _____ enfant français prend _____ morceau de pain et quelques carrés

_____ chocolat au lait.

Les enfants américains préfèrent _____

_____

LEÇON 3

Cap sur le vocabulaire!

A. Non... Oui... Si! Répondez aux questions suivantes en utilisant **Oui**, **Si** ou **Non**.

MODÈLE: Vous étudiez le français? *Oui.*

Vous recevez toujours de bonnes notes? *Non.*

Alors, vous n'aimez pas le français? *Si!*

1. Vous fumez? _____

2. Vous n'êtes pas américain(e)? _____

3. Vous parlez français? _____

4. Vous n'aimez pas votre professeur de français? _____

5. Vous êtes étudiant(e)? _____

6. Vous trouvez le français facile? _____

7. Vous n'aimez pas le brie? _____

Phrases: Greetings; introducing
Grammar: Present tense

B. Mini-portrait. Ecrivez une description d'un(e) bon(ne) étudiant(e) ou d'un(e) mauvais(e) étudiant(e). Utilisez au moins huit des expressions suivantes: **assister aux cours, conférence, échouer** (ou **rater**)**, lecture, manquer un/des cours, note, rattraper, redoubler, réussir, réviser, sécher, tricher.** Utilisez une autre feuille de papier.

La grammaire à apprendre

Les pronoms interrogatifs

C. Une sortie au cinéma. Votre amie française va au cinéma ce soir. Posez-lui les questions correspondant aux groupes de mots en italique.

1. _____

   Ce soir, *je vais au cinéma pour voir* «Le Dîner de con».

2. _____

   J'y vais *avec Gérard.*

3. _____

   Le film commence *à 21h30.*

4. _____

   Les billets *coûtent 7 €.*

5. _____

   Francis Veber est le metteur en scène.

6. _____

   Il a choisi Jacques Villeret pour le rôle du «con» *parce que c'est un acteur très doué.*

7. _____

   Il est *brun, avec les cheveux frisés.*

8. _____

   Après le film, nous irons *au café.*

9. _____

   Nous allons parler *du film,* sans doute.

D. Mini-test culturel. Testez vos connaissances de la culture française en répondant aux questions sui-vantes. Dans chaque paragraphe, complétez la première question avec **quel(s)** ou **quelle(s)**, puis choisissez la (les) réponse(s) correcte(s). Complétez la deuxième question avec **lequel, laquelle, lesquels** ou **lesquelles** et donnez vos réponses personnelles.

MODÈLE: ___a, b___ *Quelles* sont les voitures de marque française?

a. Peugeot   b. Renault   c. Saab

Laquelle de ces voitures est-ce que tu préfères? *La Saab.*

_____ 1. Dans _____ endroits est-ce qu'on parle français?

a. la Finlande   b. Monaco   c. le Québec

_____ est-ce que tu aimerais visiter? _____

_____ 2. _____ est le nom du stylo français le plus vendu aux Etats-Unis?

a. Flair   b. Uni-Ball   c. Bic

_____ de ces stylos est-ce que tu achètes le plus souvent? _____

_____ 3. Parmi ces marques *(f)* de yaourts, _____ sont celles d'origine française?

a. Danone   b. Yoplait   c. Light and Lively

_____ de ces marques est-ce que tu préfères? _____

_____ 4. _____ marque de chemise a pour emblème un crocodile?

a. Ralph Lauren   b. Liz Claiborne   c. Lacoste

_____ est d'origine française? _____

_____ 5. Dans _____ ville ont eu lieu les jeux Olympiques d'hiver de 1992?

a. Dallas   b. Albertville   c. Sydney

_____ de ces villes est-ce que tu aimerais visiter? _____

_____ 6. Parmi ces metteurs en scène, _____ sont de nationalité française?

a. François Truffaut   b. Claude Chabrol   c. Claude Berri

_____ de ces metteurs en scène est-ce que tu connais? _____

E. Cours de littérature. Une étudiante parle de ses cours de littérature. Complétez les questions de sa camarade avec une de ces formes contractées: **duquel, desquels, desquelles, auquel, auxquels, auxquelles.**

1. Je m'intéresse beaucoup aux auteurs contemporains.

   Ah oui? _____ est-ce que tu t'intéresses en particulier?

2. Hier, le professeur a parlé des femmes écrivains francophones.

   Ah oui? _____ est-ce qu'il a parlé?

3. Nous avons discuté d'un roman de Marguerite Duras.

   Ah oui? _____ avez-vous discuté?

4. Le semestre prochain, je vais assister à un cours de littérature comparée.

   Ah oui? _____ est-ce que tu vas assister?

F. What? Trouver la bonne traduction française pour le mot anglais *what* ou *what is* n'est pas toujours facile! Complétez les phrases suivantes en ajoutant le mot ou l'expression interrogative convenable.

1. A _____ conférence est-ce que tu as assisté hier?

2. _____ était le nom du conférencier?

3. De _____ a-t-il parlé?

4. _____ «la déconstruction»?

5. _____ tu as pensé de la conférence?

6. _____ était si difficile à comprendre?

7. _____ est-ce que tu as de prévu maintenant? On va prendre un pot?

EXERCICES DE LABORATOIRE

PHONÉTIQUE

L'intonation (suite)   CD2–2

L'intonation d'une question est en général montante si on peut y répondre par *oui* ou par *non*. Ecoutez et répétez.

Est-ce que vous avez un chien?

Etes-vous américain?

L'intonation est descendante si la question requiert un autre type de réponse et si elle contient un mot interrogatif (par exemple, **pourquoi, où, lequel**). Ecoutez et répétez.

Pourquoi est-ce que tu es arrivé en retard?

Qui est le président des Etats-Unis?

A. Ecoutez les questions suivantes avec attention et répétez-les en prêtant l'oreille à l'intonation. Est-elle montante ou descendante?

1. Est-ce que tu as faim?

2. Quels vêtements est-ce que tu vas porter?

3. A quelle heure est-ce que tu vas être prêt?

4. Est-ce que «Le Coq d'Or» te plairait pour ce soir?

5. Tu veux aller au restaurant avec nous?

6. Combien d'argent est-ce que tu peux dépenser?

B. Vous avez sûrement remarqué la différence entre l'intonation montante et l'intonation descendante. Maintenant vous allez entendre les réponses aux questions posées dans l'exercice A. Trouvez la question qui correspond à chaque réponse et lisez cette question à haute voix en respectant l'intonation.

1. Je peux dépenser 40 euros.

2. Oui, j'ai très faim.

3. Je vais porter mes vêtements neufs.

4. Oui, je veux bien aller au restaurant avec vous.

5. Non, «La Chaumière Normande» me plairait mieux.

6. Je vais être prêt à huit heures.

Le [ə] muet   CD2–3

En général, la lettre e sans accent se prononce [ə] comme dans les mots suivants:

   je   te   retenir   regarder

Faites attention de distinguer le son [ə] du son [y]. (Le son [y] est présenté dans le **chapitre 4**.) Ecoutez les exemples suivants:

   menu   revue   dessus

C. Ecoutez et répétez les groupes de mots suivants:

le, lu	de, du	te, tu	se, su
devant, durant	repas, ruban	ramener, rassurer	

Cependant, le [ə] muet n'est pas toujours prononcé. Il faut étudier l'entourage phonétique pour savoir s'il est prononcé ou non. Par exemple, le [ə] muet n'est pas prononcé à la fin d'un mot.

D. Ecoutez et répétez les mots suivants:

voyagȩ	américainȩ	dimanchȩ	offertȩ
j'aimȩ	grandȩ	assurancȩ	garagȩ
passȩ	affairȩ	grippȩ	pommȩ

Généralement, le [ə] muet n'est pas prononcé quand il est précédé et suivi par *un* son consonantique.

E. Ecoutez et répétez les expressions suivantes:

allȩmand	un kilo dȩ tomates
charcutȩrie	chez lȩ dentiste
rarȩment	elle n'a pas lȩ courage
amȩner	tout lȩ quartier

Le [ə] muet se prononce quand il est la première syllabe d'un mot ou d'une expression.

F. Ecoutez et répétez:

   le ski   ce papier   regarder   demain

On prononce aussi le [ə] muet quand il est précédé par deux consonnes et suivi d'une troisième. Le prononcer permet d'éviter d'avoir à prononcer trois consonnes à la fois.

G. Ecoutez et répétez les expressions suivantes:

   mercredi   appartement   probablement   quelque chose   il se lève

H. Répétez maintenant les phrases suivantes et marquez les [ə] muets.

1. J'aime rarement faire de petits voyages le dimanche; je préfère le mercredi.

2. Tout le quartier mange probablement des pommes américaines.

3. Malheureusement, elle n'a pas le courage de quitter l'appartement et d'aller chez le dentiste.

4. Ma fille aînée utilise son assurance-auto seulement pour quelque chose de grave.

LEÇON 1

Conversation   CD2–4

Comme vous le savez, il y a en français des expressions particulières pour inviter, ainsi que pour accepter ou refuser. Ecoutez la Conversation (manuel, **chapitre 2**, leçon 1), en prêtant attention à ces expressions. Remarquez aussi quels mots ou expressions on utilise en français pour hésiter.

A. Hésitations. Ecoutez et répétez les phrases suivantes. Imitez l'intonation de la phrase et les expressions qu'on utilise pour hésiter.

1. Oui, euh... à peu près dix ans, hein?

2. Oui, ça va bien. Enfin, ça va, quoi!

3. Ecoute, mercredi, en principe, euh, je n'ai rien de prévu.

4. Ah, ben, non, attends... non, j'ai mon cours d'aérobic.

5. Je pensais que tu pourrais venir, peut-être... pour le dîner.

6. Euh... jeudi?

B. La bonne réponse. Vous allez entendre quatre mini-conversations (a, b, c et d). Mettez la lettre de la conversation devant le scénario qui la décrit le mieux.

_____ 1. Un couple invite un ami à dîner au restaurant avec eux. Il hésite parce qu'il n'a pas beaucoup d'argent, et il finit par refuser.

_____ 2. Une amie invite une autre à passer la soirée avec elle. La deuxième amie ne peut pas, mais elle propose une sortie pendant le week-end.

_____ 3. Deux amies décident de regarder un film ensemble. Elles vont être fatiguées parce que le film commence à 11h du soir.

_____ 4. Une dame assez âgée invite une autre femme à prendre le thé avec elle et sa fille samedi. La deuxième femme accepte avec plaisir. Elle n'a pas vu la fille de cette dame depuis longtemps.

_____ 5. Un couple invite un ami à dîner au restaurant avec eux (ce sont eux qui vont payer). L'ami accepte avec plaisir.

_____ 6. Un homme invite son collègue (et sa femme) à dîner chez lui. Le collègue accepte. Leurs deux femmes vont se mettre d'accord sur les détails par téléphone.

_____ 7. Enfin invité à dîner chez son collègue, un homme doit refuser car sa femme et lui ont déjà des projets pour ce soir-là.

_____ 8. Une femme accepte de prendre le thé avec deux autres femmes mardi prochain.

La grammaire à apprendre

Les verbes irréguliers: *boire, recevoir, offrir* et *plaire*   CD2–5

C. Recevoir des amis. Un étudiant américain pose des questions à son nouveau camarade de chambre français. Jouez le rôle du jeune Français et répondez aux questions en utilisant les indications données. Faites attention aux changements de l'article indéfini ou partitif quand la réponse est négative.

MODÈLES: *Vous lisez:* **Oui, je...**

Vous entendez: Tu reçois souvent des amis?

Vous répondez: **Oui, je reçois souvent des amis.**

Vous lisez: **Non, mes cousins...**

Vous entendez: Est-ce que tes cousins reçoivent souvent des amis?

Vous répondez: **Non, mes cousins ne reçoivent pas souvent d'amis.**

1. Oui, ils...

2. Non, je...

3. Oui, les hamburgers...

4. Oui, en général...

5. Oui, nous...

6. Non, je ne... jamais

D. A vous de choisir. Regardez les images ci-dessous, écoutez les phrases qui les accompagnent et décidez si la phrase et l'image correspondent l'une à l'autre. Si *oui*, entourez OUI et répétez la phrase. Si *non*, entourez NON et modifiez la phrase avec le verbe indiqué entre parenthèses.

MODÈLE: *Vous entendez:* Hélène reçoit des invités.

Vous entourez: OUI

Vous dites: **Oui, Hélène reçoit des invités.**

(OUI) NON   (recevoir)

1. OUI NON (aller)   2. OUI NON (boire)   3. OUI NON (offrir)

4. OUI   NON   (servir)   5. OUI   NON   (déplaire)

L E Ç O N   2

Conversation   CD2–6

A. J'accepte! Ecoutez la Conversation (manuel, **chapitre 2**, leçon 2), en prêtant attention aux expressions pour offrir à boire ou à manger. Remarquez aussi comment on accepte ou refuse ces offres.

Maintenant, répétez les phrases suivantes. Faites attention à la prononciation et à l'intonation de la phrase.

1. Je te sers un apéritif?

2. Oui, volontiers.

3. Oui, je veux bien, merci.

4. Tu reprends des légumes peut-être?

5. Est-ce que je peux vous servir du fromage?

6. Oh, vous savez, je crois vraiment que je ne peux plus...

7. Laissez-vous tenter par ce petit chèvre.

8. Bon, d'accord. Alors, un tout petit peu! Par pure gourmandise, vraiment.

B. La bonne réponse. Ecoutez les mini-conversations suivantes. Est-ce la première fois qu'on offre à boire ou à manger? Marquez OUI ou NON, selon le cas. Ensuite, indiquez si la personne a accepté l'offre (+) ou si elle l'a refusée (−).

1. OUI   NON   +   −

2. OUI   NON   +   −

3. OUI   NON   +   −

4. OUI   NON   +   −

5. OUI   NON   +   −

La grammaire à apprendre

Choisir l'article approprié   CD2–7

C. C'est ma vie. Annette nous parle de sa vie et de son environnement. Jouez le rôle d'Annette et répondez aux questions que vous allez entendre. Choisissez l'article qui convient dans chaque phrase.

MODÈLE: *Vous lisez:* **Non,...**
         Vous entendez: Aimez-vous la salade?
         Vous répondez: **Non, je n'aime pas la salade.**

1. Non,
2. Oui,
3. Non,
4. Oui,

5. Non,
6. Oui,
7. Oui,
8. Oui,

9. Non,
10. Oui,
11. Non,
12. Oui,

D. Au revoir. A la fin d'une soirée entre amis, tous les invités échangent quelques paroles avec leur hôtesse. L'hôtesse leur pose de petites questions pour savoir comment ils ont passé la soirée. Répondez à ces questions en utilisant les mots-clés ci-dessous.

MODÈLE: *Vous lisez:* **Oui / beaucoup**
         Vous entendez: Jacques, tu as bu du vin français?
         Vous répondez: **Oui, j'ai bu beaucoup de vin français.**

1. Non / pas du tout
2. Non / détester / fromage hollandais
3. Oui / un peu
4. Non / malheureusement

5. trois fois
6. parce que / préférer / bière allemande
7. Non / crudités
8. Oui / bonne soirée

LEÇON 3

Conversation   CD2–8

A. Des questions. Ecoutez la Conversation (manuel, **chapitre 2**, leçon 3), en prêtant attention aux expressions pour poser des questions et répondre.

Maintenant, répétez les phrases suivantes. Faites attention à la prononciation et à l'intonation de la phrase.

1. Et M. Fournier, où est-il?
2. Ah, il est parti en voyage d'affaires à Boston.
3. Oui, d'ailleurs comment va-t-elle?
4. Elle va bien.
5. Et ton frère, Christian, qu'est-ce qu'il devient?
6. Christian, euh... eh bien, il est professeur d'histoire, comme il le voulait.

La grammaire à apprendre

Les pronoms, les adjectifs et les adverbes interrogatifs   CD2–9

B. Une boum. Ce soir il va y avoir une boum internationale offerte par les étudiants étrangers. Une amie vous donne tous les détails de la soirée, mais vous ne faites pas assez attention, et il faut lui poser des questions sur ce qu'elle vient de dire.

MODÈLE: *Vous entendez:* La boum a lieu le vendredi 12 octobre.

Vous demandez: **Quand est-ce que la boum a lieu?**

(Items 1–8)

C. La curiosité. Vous êtes très curieux/curieuse de nature et vous posez toujours beaucoup de questions. Demandez des détails sur Marie, votre nouvelle camarade de classe, en utilisant une forme de **lequel** ou de **quel.**

MODÈLE: *Vous entendez:* Elle aime parler de choses sérieuses.

Vous demandez: **De quelles choses est-ce qu'elle aime parler?**

Quand on répète votre question, vous insistez: **Oui, desquelles est-ce qu'elle aime parler?**

(Items 1–5)

Dictée   CD2–10

D. La publicité. Vous allez entendre un spot publicitaire à la radio dans lequel on vend des petits pois Félix Potard. Ecrivez les phrases qui le composent. D'abord, écoutez le message en entier. Ensuite, chaque phrase sera lue deux fois. Enfin, le message entier sera répété pour que vous puissiez vérifier votre travail. Ecoutez.

_____

_____

_____

_____

_____

_____

_____

_____

_____

_____

_____

_____

_____

_____

_____

_____

_____

Compréhension

Le Bec Fin   CD2–11

Dans ce chapitre, vous avez appris comment inviter, en particulier à déjeuner ou à dîner. Imaginez que vous voulez inviter votre ami(e) à dîner au restaurant **Le Bec Fin**. Ecoutez le message du répondeur téléphonique *(answering machine)* de ce restaurant.

E. Faisons des réservations. Ecrivez les renseignements suivants d'après ce que vous venez d'entendre.

1. à quelle heure le restaurant commence à servir: _____

2. à quelle heure le restaurant ferme le soir: _____

3. si on peut faire des réservations et, si oui, à partir de quelle(s) heure(s): _____

4. les jours où il n'est pas possible d'aller au Bec Fin: _____

Le restaurant Le Galion   CD2–12

Une semaine plus tard, vous pensez inviter un ami ou une amie à déjeuner au restaurant **Le Galion**. Ecoutez la publicité.

Mots utiles: une formule   *special*
             retenir   *to remember*

F. Allons au restaurant. Remplissez les blancs avec les renseignements demandés ci-dessous.

1. prix fixe du déjeuner: _____ euros

2. en quoi consiste ce déjeuner: _____

3. heures d'ouverture: de _____ à _____

4. adresse: _____ rue Félix-Faure, à _____

La plage Beau-Soleil   CD2–13

C'est le week-end et vous voulez aller à la plage avec votre ami(e). Certaines plages sur la côte d'Azur ont un petit restaurant pour les clients qui ne veulent pas quitter la plage pour manger. Vous décidez d'aller à la plage Beau-Soleil parce qu'on y sert de bons repas. Ecoutez la publicité.

Mots utiles: allongé   *stretched out*   transat *(m)*   *beach chair*
              l'ombre *(f)*   *shadow*   parasol *(m)*   *beach umbrella*

G. J'ai faim! Remplissez les blancs avec les renseignements demandés ci-dessous.

1. grand choix de _____

2. prix fixe: _____ euros

3. spécialité: _____

4. numéro de téléphone: _____ / _____ / _____ / _____ / _____

Le bal des pompiers   CD2–14

Aimez-vous danser? Peut-être que vous voulez inviter votre ami(e) à aller danser à un des bals traditionnels qui ont lieu chaque année en France à l'occasion de la fête nationale, le 14 juillet. Ecoutez un reportage radiophonique du 14 juillet. Ce reportage donne une description d'un de ces bals, le bal des pompiers, et les opinions de quelques personnes qui s'y rendent.

MOTS UTILES: pétards *(m pl)*   *firecrackers*   pompiers *(m pl)* (sapeurs-pompiers)   *firemen*
              mouillés   *damp*   feux *(m pl)* d'artifice   *fireworks*
              trempés   *drenched*   tirer   *to set off*
              clément   *mild*   spectacle *(m)* son et lumière   *sound and light show*
              les habitués   *regular visitors*

H. Des interviews. Vérifiez si vous avez compris la description du bal des pompiers en choisissant la bonne réponse pour chaque question.

_____ 1. D'après le reporter, quel temps a-t-il fait hier soir pendant les bals?
  a. Il a fait beau mais froid.
  b. Il a fait chaud et il a fait du vent.
  c. Il a fait plus mauvais que les années précédentes.

_____ 2. Comment était l'ambiance du bal?
  a. C'était assez triste.
  b. C'était très gai.
  c. C'était un peu vieux.

_____ 3. Laquelle des options suivantes n'est pas une raison pour aller au bal des pompiers, d'après les spectateurs?
  a. entendre de la musique
  b. danser
  c. manger
  d. faire des rencontres

_____ 4. Quelle signification particulière est-ce que le bal des pompiers a pour l'homme qui habite le quartier depuis soixante ans?

    a. Il a rencontré sa femme au bal des pompiers il y a longtemps.

    b. Il y a appris à danser.

    c. Il a été pompier il y a longtemps.

_____ 5. Quel événement le bal des pompiers commémore-t-il?

    a. la fin de la Révolution française

    b. la construction de la tour Eiffel

    c. la prise de la Bastille

_____ 6. Donnez deux autres activités qui vont avoir lieu le soir du 14 juillet pour commémorer la fête, selon le reporter.

    a. un spectacle son et lumière

    b. le marathon de Paris

    c. des feux d'artifice

EXERCISES ÉCRITS

Qui suis-je?

LA GRAMMAIRE À RÉVISER

Avant la première leçon

L'adjectif possessif

A. Une visite surprise. Denis, qui partage son appartement avec un autre étudiant, reçoit la visite sur-prise de ses parents aujourd'hui. Complétez le dialogue avec l'adjectif possessif qui convient.

SA MÈRE: Nous avons enfin trouvé ton appartement. Où est _____ (1) chambre?

DENIS: _____ (2) chambre est au fond

du couloir à gauche. Ne m'en veuillez pas

(Don't hold it against me) trop, je n'ai pas

encore fait _____ (3) lit.

SA MÈRE: Et celle de ton ami Paul?

DENIS: _____ (4) chambre est en face.

Surtout ne faites pas de bruit, il dort en ce

moment.

SA MÈRE: Et votre salle de bains?

DENIS: _____ (5) salle de bains est ici, juste à côté de la cuisine. Fermez les yeux! Nous

avons laissé _____ (6) vêtements sales et _____ (7) serviettes de bain

par terre. On fait le ménage chacun à _____ (8) tour.

SA MÈRE: A qui sont ces affaires dans le salon? Elles sont à toi?

DENIS: Non, ce sont celles des amis de Paul. Ils ont laissé _____ (9) disques,

_____ (10) magazines de sport et _____ (11) chaîne stéréo.

SA MÈRE: Et _____ (12) affaires à toi, où sont-elles? _____ (13)

chambre est presque vide.

DENIS: Elles sont dans _____ (14) bureau. Dans cette pièce, j'ai

installé _____ (15) grande table, _____ (16) ordinateur,

_____ (17) imprimante et tous _____ (18) livres.

Avant la deuxième leçon

L'adjectif qualificatif

B. Un esprit contrariant. François ne semble jamais d'accord avec ce qu'on lui dit. Complétez les dialogues suivants en faisant l'accord des adjectifs entre parenthèses.

1. — Est-ce que tu as un (nouveau) _____ ordinateur?

   — Non, j'ai un (vieux) _____ ordinateur.

2. — Est-ce que tes sœurs sont (célibataire) _____?

   — Non, elles sont (marié) _____.

3. — Est-ce que Michèle et Annie sont de (nouveau) _____ camarades

   de classe?

   — Non, ce sont d'(ancien) _____ camarades.

4. — Tu as vu le film «Les Liaisons (dangereux) _____ »?

   — Ah non! J'ai horreur de ce genre de film. Je préfère les films (policier)

   _____.

5. — Est-ce que ces (beau) _____ vêtements t'appartiennent?

   — Non, je n'ai que des vêtements (usé) _____.

Avant la troisième leçon

Les verbes pronominaux

C. Le matin à la maison. Paul et Hélène, qui sont mariés depuis un an, ont chacun leurs habitudes avant de quitter la maison. Hélène décrit leur routine quotidienne. Complétez sa description en mettant les verbes pronominaux entre parenthèses à la forme correcte du présent de l'indicatif ou à l'infinitif.

A la maison, nous (se réveiller) _____ **(1)** à 6h30 le matin: je (se lever)

_____ **(2)** tout de suite. Je (se brosser) _____ **(3)**

les dents, je (se laver) _____ **(4)** et (se préparer)

_____ **(5)** à partir. Par contre, mon mari, Paul, (ne pas se

presser) _____ **(6)**. Il (se raser) _____ **(7)**,

(se couper) _____ **(8)** la moustache et (se regarder)

_____ **(9)** dans la glace pendant un quart d'heure. Ensuite,

il prend un temps infini pour (s'habiller) _____ **(10)**. On

(ne pas se parler) _____ **(11)** beaucoup. J'en viens *(come to)*

à (se dire) _____ **(12)** maintenant que ses habitudes m'énervent

un peu. Un matin je lui ai même dit: «Chéri, pourquoi est-ce que tu (ne pas se dépêcher)

_____ **(13)** pour arriver à l'heure?» Tous les jours, c'est la même chose!

D. Une mère autoritaire. Mme Dion aime bien donner des ordres à sa famille. Tout en restant logique, écrivez ces ordres à la forme affirmative ou négative de l'impératif selon le contexte.

1. se coucher tard parce que tu es fatigué (à son mari)

   _____

2. s'arrêter de travailler car il est tard (à ses enfants)

   _____

3. s'énerver pour un rien *(get excited for nothing)* (à sa mère)

   _____

4. se dépêcher parce que le dîner est prêt (à sa fille cadette)

   _____

5. se mettre au travail tout de suite (à ses jumeaux Paul et Pierre)

   _____

LEÇON 1

Cap sur le vocabulaire!

A. Oprah à la française. Une chaîne de télévision française a décidé de retransmettre une causerie *(day-time talk show)* américaine et ils ont besoin de votre aide pour faire la version française. Traduisez les thèmes d'émissions suivants en français.

1. "Twins who are single fathers"

   _____

2. "Housewives who have no home life"

   _____

3. "Half-brothers who hate their half-sisters"

   _____

4. "Househusbands"

   _____

5. "Fed-up retired psychiatrists"

   _____

6. "Lawyers who are single mothers"

   _____

À vous, maintenant.

Inventez deux thèmes nouveaux que vous proposerez à la chaîne.

7. _____

8. _____

B. Des questions... Complétez les dialogues suivants avec des expressions typiques.

1. _____?

   Je suis pilote d'avion.

   _____?

   Je pilote un Boeing.

   _____?

   Je pilote un Boeing 767.

2. _____ ?

C'est une carte de France.

_____ ?

Elle est à moi.

La grammaire à apprendre

C'est vs *il/elle est*

C. Une fête en famille. La famille de Charles fête l'anniversaire du grand-père Millon et tout le monde est là. Charles a amené une amie américaine à la fête et comme elle ne connaît personne, Charles lui parle un peu de chacun. Complétez ses phrases avec **c'est, ce sont, il/elle est** ou **ils/elles sont.**

1. Voilà Gérard et Jean-Luc. _____ mes demi-frères.

2. Et là-bas, à côté du lecteur de CD, _____ mon cousin Jacques.

   _____ psychologue.

3. A côté de lui, celle qui parle si fort, _____ ma sœur Evelyne. Franchement,

   _____ une fille mal élevée!

4. Puis, près de la cheminée, _____ ma belle-sœur Micheline. Je te le dis,

   _____ gâtée par mon frère!

5. Près de Micheline, il y a Marie et Sylvie. _____ cousines, mais

   _____ de grandes amies aussi.

6. L'homme qui parle avec ma belle-mère, _____ François, mon oncle.

   _____ père célibataire, lui.

7. Ma belle-mère, _____ une femme charmante.

   _____ allemande, tu sais.

8. Ma tante Berthe et mon oncle Henri n'ont pas pu venir ce soir. _____ à Paris.

D. C'est chouette, ça! Que pensez-vous des idées suivantes? Exprimez-vous en vous servant de la construction C'est + adjectif masculin. Suivez le modèle.

MODÈLE: Se détendre de temps en temps:

  C'est nécessaire!

1. Passer du temps avec sa famille: _____

2. Faire un voyage: _____

3. Faire des études: _____

4. Attacher un bébé dans un siège-voiture: _____

5. Déménager en plein hiver: _____

6. Avoir beaucoup d'argent: _____

RAPPEL: Quand on fait référence à un nom précis, on se sert de la construction **Il(s)/Elle(s) est (sont) + adjectif.** Continuez l'exercice.

MODÈLE: Ma famille:

   Elle est gentille.

7. Mon ordinateur: _____

8. Mes parents: _____

9. Ma chambre: _____

Les pronoms possessifs

E. A qui est-ce? Plusieurs enfants sont en train de se demander à qui appartiennent les jouets qui se trouvent dans la salle de jeux. Complétez leurs déclarations avec le pronom possessif correct.

1. — Ça, ce n'est pas ta poupée *(doll)*, Sylvie; c'est *(mine)* _____.

   — Non, c'est celle de Nicole; *(yours)* _____ est blonde.

   (Hers) _____ est brune avec un bras cassé comme celle-ci.

2. — Tiens, voilà ton camion *(truck)*, Philippe, c'est bien *(yours)* _____?

   — Oui, c'est *(mine)* _____ et ceux-là sont à Patrick et à Luc.

   (Theirs) _____ sont rouges et blancs.

3. — Ces toupies *(tops)* appartiennent à Thérèse et à Martine, n'est-ce pas?

   — Non, ce sont *(ours)* _____. *(Theirs)* _____ sont restées

   chez elles.

4. — Et ce cerf-volant *(kite)* est à elles. Elles apportent toujours *(theirs)* _____

   quand elles viennent jouer avec nous.

5. — Ce vélo n'est certainement pas à moi. *(Mine)* _____ est tout neuf, celui-là ne

   marche pas bien. Il est à Pierre?

   — Oui, c'est *(his)* _____.

6. — Et ces deux balles sont à vous, Jacqueline et Marinette?

   — Non, ce ne sont pas *(ours)* _____. Ce sont Henri et Damien qui ont apporté

   (theirs) _____ aujourd'hui.

L E Ç O N 2

Cap sur le vocabulaire!

A. Vous organisez une rencontre entre deux amis! Vous voulez que Nadia, votre camarade de chambre, rencontre Samuel, votre meilleur ami. Vous pensez qu'ils feraient un couple parfait. Mais Nadia est nerveuse et pose beaucoup de questions sur Samuel. Complétez la conversation de façon logique.

NADIA: _____?

VOUS: Il s'appelle Samuel.

NADIA: _____?

VOUS: Il a 21 ans.

NADIA: _____?

VOUS: Il a beaucoup d'humour.

NADIA: _____?

VOUS: Il est plus grand que toi. Je crois qu'il mesure 1 mètre 80.

NADIA: _____?

VOUS: Je ne sais pas combien il pèse. Le poids n'a aucune importance, ni la taille d'ailleurs! Ne me pose pas trop de questions et attends de voir la bonne surprise que je t'ai réservée!

_____

Phrases: Describing people
Vocabulary: Face; family members; hair colors

B. Comment les reconnaître? Des membres de votre famille arrivent de loin pour un mariage. Un ami se porte volontaire pour aller les chercher à la gare et à l'aéroport. Il faut que vous lui donniez une bonne description de chacun pour l'aider à les reconnaître. Suivez le modèle.

MODÈLE: Nom: *Mon frère Mark*

Les yeux: *Il a les yeux bleus.*

Les cheveux: *Il a les cheveux bruns et raides.*

La taille: *Il est grand.*

Le poids: *Il est fort.*

L'âge: *Il est assez jeune.*

Divers: *Il porte des lunettes.*

1. Nom: _____

   Les yeux: _____

   Les cheveux: _____

   La taille: _____

   Le poids: _____

   L'âge: _____

   Divers: _____

2. Nom: _____

   Les yeux: _____

   Les cheveux: _____

   La taille: _____

   Le poids: _____

   L'âge: _____

   Divers: _____

La grammaire à apprendre

L'adjectif qualificatif

C. Avez-vous vu cette femme? La famille d'une vieille dame qui a disparu a donné la description suivante à la police. Complétez la description en faisant l'accord des adjectifs entre parenthèses.

Elle a de (long) _____ (1) cheveux (gris clair) _____ (2)

et de (grand) _____ (3) yeux (bleu foncé) _____ (4). Elle

porte une (long) _____ (5) jupe (marron) _____ (6) et un

(beau) _____ (7) chemiser en coton (crème) _____ (8) à

manches *(f pl)* (court) _____ (9). C'est une (petit) _____ (10)

femme (doux) _____ (11) et (réservé) _____ (12).

Si vous avez de (nouveau) _____ (13) renseignements (important)

_____ (14) concernant cette femme, appelez-nous immédiatement. Sa famille

est très (inquiet) _____ (15). Tous les membres de la famille Chabrol seront

(soulagé: *relieved*) _____ (16) et (heureux) _____ (17)

lorsqu'ils verront la grand-mère de retour à la maison.

La position des adjectifs

D. On est stéréotypé. Tout le monde a des stéréotypes en tête. Quels sont les vôtres pour les catégories suivantes? En vous servant des adjectifs ci-dessous (ou d'autres), écrivez des phrases pour chaque catégorie. Il faut incorporer deux adjectifs par phrase. Suivez le modèle.

menteur	marrant	nouveau	mignon	imbécile	rouge
mince	indiscret	actif	inquiet	chic	professionnel
pointu	paresseux	sympathique	beau	agressif	drôle
sec	malheureux	fort	généreux	conservateur	gentil
fou	gros	discret	gâté	grand	triste
riche	léger	snob	noir	rond	heureux
timide	doux	ridicule	poli	superficiel	

MODÈLES: Les yeux d'un bébé: (yeux)

Ce sont de beaux yeux doux.

Les psychiatres: (hommes)

Ce sont des hommes indiscrets et snob.

1. Les avocats: (hommes) _____

_____

2. La voiture du président américain: (voiture) _____

_____

3. Les femmes d'affaires: (femmes) _____

_____

4. Le vêtement favori d'une femme d'affaires: (un tailleur: *suit*) _____

_____

5. Les fils uniques: (garçons) _____

_____

6. Les parents d'un fils unique: (parents) _____

_____

7. Les hommes au foyer: (hommes) _____

_____

8. Les divorcés: (personnes) _____

_____

9. Les enfants de parents divorcés: (enfants) _____

_____

LEÇON 3

Cap sur le vocabulaire!

A. Réponse à une petite annonce. Vous répondez à une petite annonce pour un(e) camarade de chambre.

1. A quelle heure vous levez-vous?

_____

2. A quelle heure prenez-vous votre petit-déjeuner?

_____

3. Combien de fois par jour vous brossez-vous les dents?

_____

4. Est-ce que vous préférez prendre une douche ou un bain?

   _____

5. Est-ce que vous vous maquillez? Pourquoi ou pourquoi pas?

   _____

6. A quelle heure est-ce que vous rentrez du travail?

   _____

7. Est-ce que vous vous couchez tôt ou tard?

   _____

8. Est-ce que vous êtes marié(e), fiancé(e) ou célibataire?

   _____

9. Est-ce que vous vous entendez bien avec les gens en général?

   _____

10. Est-ce que vous vous disputez souvent avec vos amis?

   _____

B. Vous et vos rapports... Comment êtes-vous dans le jeu de l'amour? Imaginez-vous dans chacune de ces situations, puis dites quel choix exprime le mieux votre caractère.

MODÈLE: Imaginez qu'il faut choisir entre votre famille, vos amis ou votre copain/copine *(boyfriend/girl-friend)*, qu'est-ce qui vous est le plus important? (les liens de parenté, les liens d'amitié, votre vie sentimentale: *love life*)

   Les liens de parenté me sont les plus importants.

1. Mon copain/Ma copine veut rompre. Moi,... (hurler: *scream,* pleurer, tomber à ses pieds)

   _____

2. Mon copain/Ma copine et moi, nous... (se disputer souvent, s'entendre bien, sortir avec d'autres personnes aussi)

   _____

3. Quelle est une bonne raison pour rompre avec quelqu'un? (le manque de communication, tomber amoureux/amoureuse de quelqu'un d'autre, une dispute)

   _____

4. En général, quand je tombe amoureux/amoureuse, c'est... (le coup de foudre, d'un[e] bon[ne] ami[e], le hasard: *fate*)

   _____

5. Quels rapports préférez-vous avoir avec un(e) ancien(ne) copain/copine? (être en bons termes, être en mauvais termes, se revoir de temps en temps, rester de très bons amis)

_____

6. En général, quels sont les rapports entre vos copains/copines et vos autres amis? Ils... (se taquiner, [ne pas] se comprendre, s'entendre bien, se détester)

_____

La grammaire à apprendre

Les verbes pronominaux

C. Les hommes et les femmes. Quelles sont vos opinions de l'autre sexe? Terminez chaque phrase avec le verbe indiqué (au présent de l'indicatif ou à l'infinitif) et puis dites si, à votre avis, l'opinion est vraie (**V**) ou fausse (**F**).

_____ 1. Les femmes (s'occuper) _____ des enfants mieux que les hommes.

_____ 2. En général, les hommes (se souvenir) _____ mieux des détails.

_____ 3. En amour, les hommes (se méfier) _____ plus que les femmes.

_____ 4. Les femmes savent mieux (se taire) _____ et garder un secret.

_____ 5. L'homme typique *(typical)* (se faire couper) _____ les cheveux plus souvent que la femme typique.

_____ 6. En cas de danger, la femme (se débrouiller) _____ bien en général.

_____ 7. Je (s'amuser) _____ aussi bien avec mes copains qu'avec mes copines.

_____ 8. Si vous êtes un garçon, vous (s'entendre) _____ mieux avec votre père qu'avec votre mère.

_____ 9. Les hommes/Les femmes et moi, nous (ne pas s'intéresser) _____ aux mêmes choses.

_____ 10. Les hommes (se moquer) _____ des autres plus souvent que les femmes.

_____ 11. La femme typique (se plaindre) _____ plus souvent que l'homme typique.

_____ 12. Je pourrais (se passer) _____ des hommes/des femmes!

_____ 13. Les hommes (s'inquiéter) _____ souvent de choses ridicules.

D. Si! Je t'assure que c'est vrai! Si vous êtes une femme, pensez à un ami et si vous êtes un homme, pensez à une amie. Il/Elle vient de lire vos réponses à l'exercice précédent et dispute vos opinions. Justifiez-vous!

MODÈLES: Toi, *par exemple, tu t'entends mieux avec ton père, n'est-ce pas?*

Moi, *je ne m'inquiète pas de choses ridicules!*

1. Moi, _____

2. Toi, _____

3. Moi, _____

4. Toi, _____

5. Moi, _____

Grammar: Future with **aller**;
Reflexive pronouns **me**, **te**, **se**, **nous**, **vous**

 SYSTÈME-D

E. De bonnes résolutions.
Qu'allez-vous faire pour vous améliorer *(to improve)*? C'est-à-dire, quelles habitudes voulez-vous changer ou adopter? En vous servant des verbes suivants, écrivez six résolutions élaborées pour l'année prochaine. Nous avons écrit les deux premières pour vous.

s'amuser plus/moins
s'arrêter de
se coucher plus tôt
se détendre plus souvent
s'entendre mieux avec
être plus souvent de bonne
    humeur
se fâcher contre
faire plus/moins souvent la
    grasse matinée
se fiancer
s'inquiéter moins
s'intéresser plus à ses cours/aux
    études
se méfier de
se mettre à
se passer de
se plaindre de
rompre avec quelqu'un
se taire quand quelqu'un
    m'énerve
tromper sa/son petit(e) ami(e)

1. Je vais essayer de me passer de chocolat.

2. Je vais faire un effort pour ne plus me plaindre de mes professeurs.

3. _____

4. _____

5. _____

6. _____

F. Le grand timide. Quand Jacques est invité à une soirée, il a peur de tout le monde et reste dans son coin. Complétez les phrases suivantes en traduisant les verbes réfléchis entre parenthèses. Mettez les verbes pronominaux au présent de l'indicatif, à l'infinitif ou à l'impératif selon le sens.

Jacques *(worries)* _____ (1) toujours de ce que pensent les autres.

Lorsqu'il est invité chez des amis, il *(is quiet)* _____ (2)

et n'arrive pas à *(to relax)* _____ (3) ou à *(to have fun)*

_____ (4). Quand ses amis *(realize)* _____ (5)

qu'il est tout seul dans son coin et *(show some interest)* _____ (6)

à lui, il *(is distrustful)* _____ (7). Ses amis lui disent: «Tu *(are mistaken)*

_____ (8), Jacques. Personne ne va *(make fun)*

_____ (9) de toi. Tu ne peux pas toujours *(do without)*

_____ (10) des autres. *(Use)* _____ (11)

de ton intelligence et de tes talents et *(remember)* _____ (12) que tu

(are here) _____ (13) parmi *(among)* de bons amis. Ici tous les invités

(are expecting) _____ (14) à te voir souriant et détendu et *(wonder)*

_____ (15) quand tu vas *(stop)* _____ (16)

de faire le timide.»

EXERCICES DE LABORATOIRE

PHONÉTIQUE

Les sons [ɔ] et [o]   CD2–15

En général, on trouve le son [ɔ] dans une syllabe suivie d'une consonne: par exemple, porte. Il se rapproche du son dans le mot anglais *caught,* mais il est plus court et plus tendu en français. Le son [ɔ] s'écrit **o**. Écoutez et répétez les mots suivants:

gosse	porter	magnétoscope	votre	Europe
divorcé	pilote	mignonne	bonne	coton
snob	propre	prochain	il se brosse	

A. Pratiquez maintenant le son [ɔ] en répétant les phrases suivantes.

1. Le pilote snob veut son propre magnétoscope.

2. La mode offre des tonnes de robes.

3. Votre gosse mignonne a ouvert la porte.

On trouve le son [o] dans une syllabe ouverte à la fin d'un mot: par exemple, beau; et dans une syllabe suivie du son [z]: par exemple, rose. Il est quelque peu semblable au son dans le mot anglais *rose* mais plus bref et plus tendu. Il s'écrit: **o, ô, au** ou **eau**. Écoutez, puis répétez les mots suivants:

jumeau	hôtel	le vôtre	la nôtre	mauvais
opéra	trop	chose	drôle	chauve
faux	pauvre	hausser		

B. Écoutez et répétez les phrases suivantes.

1. Nos photos de l'hôtel et de l'opéra étaient mauvaises.

2. Les jumeaux font aussi trop de choses.

3. Claude a un drôle de vélo.

Le [ə] muet (suite)   CD2–16

Quand le son [ə] muet apparaît deux fois ou plus dans des syllabes successives et que ces [ə] muets ne sont séparés que par une seule consonne, on prononce le premier [ə] mais pas le second.

C. Écoutez et répétez.

1. Je n¢ dors pas bien.

2. Ce n¢ sera rien.

3. Il ne l¢ connaît pas?

4. Je l¢ ferai pour toi.

5. Elle se l¢ préparera.

6. Je t¢ le montrerai un jour.

7. Elle me l¢ donne.

8. Ne l¢ prends pas.

9. Si tu me l¢ demandes.

10. Ce n¢ sont pas mes amis.

D. Le [ə] muet a tendance à tomber en français en langage familier et rapide. Ecoutez et répétez les phrases des deux colonnes suivantes. Notez les différences de prononciation.

Langage soigné	*Langage familier*
Je pense.	J¢ pense.
Je ne pense pas.	Je n¢ pense pas.
Je bois.	J¢ bois.
Je ne bois pas.	Je n¢ bois pas.
Ce n'est pas vrai.	C¢ n'est pas vrai.
Je n'ai pas le numéro.	J¢ n'ai pas le numéro.

E. La négation peut même tomber tout à fait dans un langage de style très relâché. Ecoutez et répétez:

C'est pas vrai. J'bois pas.

J'pense pas. J'ai pas l'numéro.

L E Ç O N 1

Conversation CD2–17

A. Pour converser. Maintenant, écoutez la Conversation (manuel, **chapitre 3**, leçon 1) en prêtant attention aux expressions pour engager, continuer et terminer une conversation.

B. L'intonation des phrases. Ecoutez et répétez les phrases que vous entendrez. Imitez l'intonation de la phrase.

1. C'est une amie qui a pris les photos.
2. Elle est à toi cette jeep?
3. Oui, elle est à moi.
4. Enfin, elle est à nous.

5. C'est ta femme?
6. Oui, c'est elle.
7. Qu'est-ce qu'il y a là?
8. Ça, c'est un petit bracelet d'identité.

C. Une réponse appropriée. Ecoutez chaque phrase et choisissez entre les deux expressions données la réponse appropriée. Dites-la à haute voix.

1. C'est un IBM. / Oui, c'est mon ordinateur.
2. C'est le nouvel employé. / Il est à moi.
3. Elle est biologiste. / Il est biologiste.
4. C'est moi. / C'est à moi.
5. C'est un petit appareil photo. / C'est ma sœur cadette.

La grammaire à apprendre

C'est et *il/elle est*   CD2–18

D. A votre avis. Ecoutez les phrases suivantes et regardez les dessins qui y correspondent. Vous devrez indiquer VRAI ou FAUX pour chaque description. Répétez les phrases correctes et corrigez celles qui ne le sont pas.

MODÈLE: *Vous entendez:* C'est une voiture américaine. Elle est petite.

Vous encerclez: FAUX

Vous dites: C'est faux. C'est une voiture américaine, mais elle est grande.

MODÈLE: VRAI (FAUX)   1. VRAI   FAUX   2. VRAI   FAUX

3. VRAI   FAUX   4. VRAI   FAUX   5. VRAI   FAUX

E. Les descriptions. Antoine répond aux questions de son nouveau camarade de chambre. Interprétez le rôle d'Antoine et donnez ses réponses.

MODÈLE: *Vous lisez:* **gros et lourd**

Vous entendez: Comment est ton chien?

Vous répondez: II **est gros et lourd.**

1. Dardun
2. voiture française
3. pilote
4. bons amis

5. célibataire endurci *(confirmed)*
6. petite mais agréable
7. ennuyeux
8. banlieue tranquille

Les pronoms possessifs   CD2–19

F. Bric-à-brac. Mme Lafarge est concierge à Paris. Elle aime rendre service aux locataires de son immeuble et garde souvent les choses les plus variées pour eux dans une petite pièce derrière sa loge. Ecoutez ce dialogue attentivement et indiquez avec un tiret à qui appartient chaque objet. Puis répondez pour Mme Lafarge aux questions posées par Corinne. Suivez le modèle.

Mme Leduc   la boîte
L'instituteur   le vélo
Les enfants Chevalier   la chaîne stéréo
M. et Mme Lafarge   le parapluie
Corinne   la valise
                             le chien
                             les cartes postales

MODÈLE: *Vous entendez:* Est-ce que ce parapluie appartient à Mme Leduc?

   Vous voyez: un tiret entre **Mme Leduc** et **le parapluie**

   Vous répondez: **Oui, c'est son parapluie. C'est le sien.**

(Items 1–6)

LEÇON 2

Conversation   CD3–2

A. La description. Maintenant, écoutez la Conversation (manuel, **chapitre 3**, leçon 2) en prêtant attention aux expressions pour décrire les objets et les personnes.

B. L'intonation des phrases. Ecoutez et répétez les phrases que vous entendrez. Imitez l'intonation de la phrase.

1. Elle a un très beau sourire!

2. Elle est vraiment mignonne... cheveux ondulés, yeux bleus!

3. Et toujours agréable, de bonne humeur.

4. C'est super.

C. Une réponse appropriée. Ecoutez chaque phrase et barrez *(cross out)* les descriptions qui ne sont pas correctes. Puis répondez à la question avec la description qui reste.

MODÈLE: *Vous lisez:* avoir les yeux marron / avoir les yeux bleus / avoir les yeux verts

   Vous entendez: Thomas n'a ni les yeux bleus ni les yeux marron.

   Vous barrez: ~~avoir les yeux marron / avoir les yeux bleus~~

   Vous entendez: Comment sont les yeux de Thomas?

   Vous répondez: **Il a les yeux verts.**

1. avoir les cheveux frisés / avoir les cheveux ondulés / avoir les cheveux raides

2. être de petite taille / être de taille moyenne / être grand

3. être large / être étroite / être lourde / être légère

4. être pointu / être carré / être rond

5. être marrant / être sympa / être timide

La grammaire à apprendre

L'adjectif qualificatif   CD3–3

D. Comparaisons. Depuis leur excursion au stade, Marc et Pascal sont devenus de bons amis. Marc a une sœur aînée et Pascal a un frère plus âgé que lui. Ils aimeraient bien qu'ils se rencontrent et essaient de leur trouver des points communs. Aidez-les à comparer leurs attributs en donnant la forme féminine des deux adjectifs que vous entendez.

MODÈLE: *Vous entendez:* Mon frère est grand et brun.

Vous répondez: **Ma sœur est grande et brune aussi.**

(Items 1–8)

La position des adjectifs   CD3–4

E. La conversation continue. Les deux copains complètent leur portrait, chacun à son tour. D'abord, vous jouez le rôle de Marc et répondez aux questions de Pascal en ajoutant les adjectifs ci-dessous. Faites attention à la place des adjectifs et faites tous les changements nécessaires. Ensuite, jouez le rôle de Pascal et répondez aux questions de Marc.

MODÈLE: *Vous lisez:* **vieux, américain**

Vous entendez: Est-ce que ta sœur possède beaucoup de disques?

Vous répondez: **Oui, elle possède beaucoup de vieux disques américains.**

1. joli, bon marché
2. vieux, délavé *(bleached)*
3. sympathique, respectable
4. nouveau, chic
5. beau, vieux, jaune citron

6. nouveau, japonais
7. sérieux, intéressant
8. long, policier
9. classique, contemporain
10. bon, étranger

LEÇON 3

Conversation   CD3–5

A. La routine et la famille. Maintenant, écoutez la Conversation (manuel, chapitre 3, leçon 3) en prêtant attention aux expressions pour décrire la routine quotidienne et les rapports de famille.

B. L'intonation des phrases. Ecoutez et répétez les phrases que vous entendrez. Imitez l'intonation de la phrase.

1. Est-ce que tu taquines ta femme?
2. On a des rapports très détendus.
3. Nous sommes de très bons amis.
4. Nous nous disputons rarement.
5. Je suis un ange de patience!

C. Des synonymes. Quelle expression veut dire à peu près la même chose que celle que vous entendez? Dites-la à haute voix.

1. On s'entend bien. / On s'entend mal.
2. J'ai de bons rapports avec elle. / On s'entend mal.
3. Il y a un manque de communication. / Nous nous disputons souvent.
4. On ne se voit plus. / On se fréquente encore.
5. On se fréquente. / On se taquine.

La grammaire à apprendre

Les verbes pronominaux   CD3–6

D. La garde-bébé. Marie-Françoise a engagé *(hired)* quelqu'un pour l'aider à s'occuper de son bébé, car elle travaille pendant la journée. Avant de commencer son travail, la garde-bébé pose des questions à Marie-Françoise. Reconstituez les réponses de Marie-Françoise avec les mots qui vous sont donnés.

MODÈLE: *Vous lisez:* **huit heures et demie**
     Vous entendez: A quelle heure vous réveillez-vous le matin?
     Vous répondez: **Je me réveille à huit heures et demie.**

1. six heures le soir
2. Non, vous
3. deux heures
4. D'habitude, bien
5. Oui, nous / couches-culottes *(disposable diapers)*
6. Oui / bientôt
7. Oui, sûrement
8. demain

E. L'éducation. Les parents du petit Jean essaient de trouver la meilleure façon d'élever leur fils de six ans. Que diriez-vous si vous étiez à leur place? Réagissez à ce que vous entendez et donnez des ordres à Jean en utilisant la forme affirmative ou négative, selon le cas.

MODÈLE: *Vous entendez:* Jean se lève tous les jours à cinq heures du matin.
     Vous répondez: **Jean, ne te lève pas tous les jours à cinq heures du matin!**

(Items 1–6)

Dictée   CD3–7

F. Les petites annonces. Vous allez entendre une petite annonce matrimoniale *(marriage ad)*. Ecoutez-la attentivement et mettez-en les phrases par écrit. D'abord, vous entendrez l'annonce en entier. Ensuite, chaque phrase sera lue deux fois. Enfin, toute l'annonce sera répétée pour que vous puissiez vérifier votre travail. Ecoutez.

_____

_____

_____

_____

_____

_____

_____

_____

_____

_____

_____

_____

Compréhension

Mes très chers parents   CD3–8

G. Comprenez-moi. Voici le contenu de la lettre que Lucie adresse à ses parents pour les convaincre de la laisser épouser un jeune homme qu'elle connaît seulement depuis deux mois. Son père lit la lettre à sa femme. Essayez d'en comprendre les détails pour pouvoir répondre aux questions qui suivent. Vous pouvez écouter la lettre deux fois si nécessaire.

1. Quel âge Lucie a-t-elle?

_____

2. Comment Lucie essaie-t-elle de montrer à ses parents qu'elle n'est plus enfant?

_____

3. Comment Lucie et Olivier se sont-ils rencontrés?

_____

4. Se sont-ils plu *(liked each other)* tout de suite?

_____

5. Comment est Olivier?

_____

6. Si vous étiez à la place des parents de Lucie, qu'est-ce que vous feriez?

_____

Les jeunes lycéens   CD3–9

Un groupe d'étudiants de seize à dix-sept ans répond à une enquête réalisée dans un lycée près de Paris. La première question concerne l'indépendance.

MOTS UTILES: empêcher   *to prevent*   interdire   *to forbid*
des facilités *(f pl)   opportunities*   mal fréquenté   *unsafe*
prévenir   *to let (someone) know*   emmener   *to take (someone) along*
méfiant   *distrustful*   rechercher   *to pick (someone) up*

H. Sommaire. Résumez ce que disent ces jeunes en complétant les phrases suivantes.

1. Il y a certains jeunes qui sont entièrement _____. Par exemple, _____

_____.

2. Les garçons ont _____.

3. La fille dont les parents sont immigrés n'a _____. Il faut qu'elle _____

_____.

4. Beaucoup de parents veulent que leurs enfants laissent _____.

5. Certains parents interdisent aux jeunes filles de _____ si elles habitent
dans un quartier mal fréquenté.

6. Souvent leurs parents les _____ au concert et puis après ils _____

_____.

7. Les parents ont confiance si _____.

Maintenant, l'enquêteur demande aux jeunes de parler de leur argent de poche *(pocket money)*. Ecoutez ce qu'ils disent.

MOTS UTILES: faire du stop   *to hitchhike*
transports *(m pl)*
s'arranger (pour)   *to manage (in order to)*
moyens de transports

I. L'argent de poche. A quoi ces jeunes dépensent-ils leur argent de poche? Mettez un X devant chaque catégorie mentionnée.

_____ cinéma   _____ nourriture   _____ livres de classe

_____ transports   _____ vêtements   _____ activités sportives

_____ timbres   _____ boissons   _____ théâtre

Interview avec Annie Martin   CD3–10

Dans les conversations de ce chapitre, vous avez fait la connaissance de Philippe et de sa famille. Maintenant, c'est une jeune mère célibataire, Annie Martin, qui se décrit. Ecoutez ce qu'elle dit.

MOTS UTILES: l'informatique *(f)*   *computer science*
un logiciel   *computer software*

J. Qui est-elle? Complétez la description de cette jeune femme en donnant les détails demandés ci-dessous.

1. nationalité: _____

2. où elle habite: _____

3. profession: _____

4. où elle travaille: _____

5. description du travail: _____

_____

Maintenant, Annie vous parle d'une période de sa vie qui n'a pas été très heureuse.

MOTS UTILES: la disponibilité   *availability*
emmener   *to take (along)*
la garderie   *child-care facility*

K. Ses difficultés. Vérifiez si vous avez compris ce qu'Annie vous a dit en indiquant si les phrases suivantes sont vraies (**V**) ou fausses (**F**). Modifiez les phrases incorrectes.

_____ 1. Annie est mariée avec un enfant.

_____

_____ **2.** Elle a travaillé sans succès comme médecin généraliste pendant un an.

_____

_____ **3.** D'après Annie, il n'y a pas assez de médecins généralistes en France.

_____

_____ **4.** Ses patients lui téléphonaient le plus souvent juste à l'heure où elle emmenait son enfant à l'école.

_____

_____ **5.** Le mercredi, le jour de congé à l'école, Annie met son enfant à la garderie.

_____

Enfin, Annie vous parle de son travail et de sa vie d'aujourd'hui.

MOTS UTILES: le chômage *unemployment*   une équipe *team*
se plaire *to like, to please oneself*   l'équilibre *(m)* *balance, stability, harmony*

L. Sa philosophie. Pourquoi Annie est-elle contente aujourd'hui?

1. *Le stress dans le travail:* Est-elle stressée ou non? Qu'est-ce qui l'a stressée beaucoup plus que le travail?

_____

2. *Son appartement:* L'aime-t-elle ou non?

_____

3. *Son travail:* Comment sont ses collègues?

_____

4. *Sa santé physique:* Est-elle en forme ou non?

_____

5. *Sa santé mentale:* Qu'est-ce qu'elle a trouvé dans son travail et dans sa vie privée?

_____

6. *Son équilibre:* D'après Annie, quels sont les trois aspects de l'équilibre parfait?

_____

EXERCICES ÉCRITS

On ne croira jamais ce qui m'est arrivé...

LA GRAMMAIRE À RÉVISER

Avant la première leçon

A. Souvenirs de vacances. Jean-Claude vient de recevoir une lettre de son ami Alain, qui lui décrit ses dernières vacances. Complétez les phrases en utilisant le passé composé. Attention aux accords possibles du participe passé.

1. (Je / partir) _____ en vacances en juillet.

2. (Je / choisir) _____ d'aller à Royan.

3. Est-ce que (tu / entendre) _____ parler de Royan?

4. (Je / louer) _____ une villa pas très loin de la plage avec un ami.

5. (Nous / y / rester) _____ trois semaines.

6. (Nous / la / beaucoup / aimer) _____ ,
   cette villa.

7. (Nous / bien / s'amuser) _____
   à Royan.

8. (Nous / aller) _____ au restaurant plusieurs fois par semaine.

9. Une fois, (des amis / nous / inviter) _____
   à dîner chez eux.

10. Quand même, (nous / ne pas / grossir) _____ .

11. Moi, (je / même / perdre) _____ quelques kilos.

12. C'est parce que (je / jouer) _____ au volley sur la plage
    presque tous les jours.

13. (Je / rentrer) _____ à Paris le 31 juillet.

14. En fin de compte, (ces vacances / ne pas / me / coûter) _____

    _____ trop cher.

15. Toi et Martine, (vous / bien / se reposer) _____
    pendant les vacances?

Avant la deuxième leçon

B. Souvenirs de famille. A une réunion de famille, une mère parle à sa fille de l'époque où la fille était petite. Mettez tous les verbes à l'imparfait.

Ah, quand nous (habiter) _____ (1) à Cannes, nous (aller) _____ (2)

souvent aux îles de Lérins, tu te rappelles? Dès qu'il (commencer) _____ (3)

à faire beau, je (préparer) _____ (4) un pique-nique, et on (manger)

_____ (5) sur la plage. Après le déjeuner, je (se reposer) _____ (6)

en regardant les bateaux qui (flotter) _____ (7) sur la mer et les mouettes (seagulls)

qui (voler) _____ (8) au-dessus de ma tête. Toi, tu (faire) _____ (9)

de la planche à voile avec tes copains. Ton frère et toi, vous (avoir) _____ (10)

des bouées qui (ressembler) _____ (11) à des monstres marins (sea monsters).

Vous (adorer) _____ (12) ces jouets! Tous les ans, nous (assister)

_____ (13) au festival de Cannes. On (voir) _____ (14)

souvent des stars internationales. A cette époque-là, tu (vouloir) _____ (15)

devenir actrice, tu t'en souviens?

Avant la troisième leçon

C. Le retour du voyageur. Paul Dumas a passé cinq ans à travailler pour une grande compagnie américaine à Chicago. Il vient de rentrer en France, et un journaliste français se prépare à l'interviewer. Reconstituez ses questions en utilisant le plus-que-parfait.

1. Obtenir / vous / votre diplôme d'ingénieur plusieurs années avant d'aller aux Etats-Unis?

   _____

   _____

2. Est-ce que vous / travailler déjà / pour une grande compagnie en France?

   _____

   _____

3. Aller déjà / vous / à Chicago?

   _____

   _____

4. Votre femme / vivre déjà / elle / à l'étranger?

   _____

   _____

5. Est-ce qu'elle / considérer déjà / un séjour aux USA?

   _____

   _____

6. Se rendre compte / elle / que vous seriez là-bas pendant cinq ans?

   _____

   _____

7. Est-ce que votre fille / naître / avant votre départ?

   _____

   _____

8. Est-ce que vous / apprendre déjà / l'anglais avant de partir?

   _____

   _____

LEÇON 1

Cap sur le vocabulaire!

A. Tu t'en souviens? Complétez les conversations suivantes avec les réponses ou les questions logiques.

1. — _____

   — D'accord! Le jour où j'ai visité Paris pour la première fois, …

2. — _____

   — Non, je ne me souviens pas de notre dernier dîner ensemble.

3. — _____

   — Oui, c'est vrai! Une fois, j'ai bu un peu trop de vin chez toi!

4. — Vous avez oublié notre rendez-vous hier soir?

   — Oui, _____. Je suis désolé(e).

B. Des vacances désastreuses. Il y a plusieurs années, votre ami Marcel a passé des vacances vraiment catastrophiques. Votre amie Isabelle et vous, vous adorez parler de ça. Utilisez les *Mots et expressions utiles* du chapitre pour parler avec Isabelle des vacances de Marcel. Ecrivez vos phrases au passé composé, et variez les expressions pour raconter des souvenirs.

MODÈLE: *Tu t'en souviens? Il a plu constamment!*

1.

2.

3.

4.

5.

6.

7.

8.

1. _____

_____

2. _____

_____

3. _____

_____

4. _____

_____

5. _____

_____

6. _____

_____

7. _____

_____

8. _____

_____

C. C'est quel moyen de transport?
Indiquez quel moyen de transport est évoqué par chacune des phrases suivantes. Il y a quelquefois plus d'une réponse possible.

V voiture   T train   A avion

_____ 1. Quand est-ce que nous allons atterrir à Rome?

_____ 2. J'ai peur de tomber en panne d'essence!

_____ 3. Nous allons faire de l'auto-stop.

_____ 4. Oh là là! Cette circulation est épouvantable!

_____ 5. Où va-t-on garer la voiture?

_____ 6. Je t'attendrai sur le quai.

_____ 7. Tu as acheté un aller-retour?

_____ 8. Ton vol n'a pas été trop fatigant?

_____ 9. Quel embouteillage! J'en ai marre!

_____ 10. N'oublie pas de faire le plein.

_____ 11. Mince! Nous avons eu une contravention!

La grammaire à apprendre

Le passé composé

D. Une semaine à Paris. Un couple américain a passé une semaine de vacances à Paris. Complétez la description de leur séjour parisien en mettant le verbe approprié au passé composé. Attention au choix de l'auxiliaire et aux accords du participe passé.

L'été dernier, les Campbell (prendre / passer) _____ (1) une semaine

formidable à Paris. Ils (faire / prendre) _____ (2) un vol direct Chicago –

Paris et (atterrir / terminer) _____ (3) à l'aéroport de Roissy à sept heures

un samedi matin. Ils (mettre / se reposer) _____ (4) à leur hôtel et

(lire / écrire) _____ (5) une carte postale à leur fille Joy, qui (ne pas pouvoir /

occuper) _____ (6) les accompagner.

Pendant leur séjour, ils (monter / montrer) _____ (7) à l'Arc de

Triomphe et ils (rendre visite / voir) _____ (8) la pyramide du Louvre. Ils

(descendre / conduire) _____ (9) la Seine en bateau-mouche et

EN SURVOLANT PARIS
L'Arc de Triomphe
Place Charles de Gaulle
Flying over Paris
Triumph Arch. Charles-de-Gaulle-Square
Flug über Paris
Der Triumpbogen-Charles-de-Gaulle Platz

3 230881 100101

CENTRE DE FORMATION
ET DE PERFECTIONNEMENT
DES JOURNALISTES

PARIS LOUVRE RC   19--10-01

RÉPUBLIQUE FRANÇAISE

ABBAYE DU THORONET-VAR   80

LOUVRE

Bonjour from Paris!
We miss you, honey,
but we're having a
wonderful time!
See you soon!
Love,
Dad

Photo Monique FRANÇOIS

ABEILLE-CARTES · Editions "LYNA - PARIS"
2, rue des Charbonniers · 95330 DOMONT · Rép : info
Tél. (1) 39.35.90.70 - (1) 42.36.41.28

Miss Joy Campbell

12536 Main Street

Scottsdale, Arizona, USA 85200

⊢☐☐☐☐☐

PAR AVION

(découvrir / venir) _____ (10) l'architecture de Paris. Ils (se lever /

se coucher) _____ (11) tard tous les soirs! Mlle Cartier, une amie de

Mme Campbell, les (recevoir / connaître) _____ (12) à dîner et les

(courir / conduire) _____ (13) à travers Paris. Elle leur (ouvrir / offrir)

_____ (14) deux bouteilles de champagne pour ramener aux Etats-Unis.

   Un jour, Mme Campbell (vouloir / falloir) _____ (15) acheter

des souvenirs français et des vêtements pour sa fille et elle. Elle (faire / aller)

_____ (16) du shopping à la Défense. La robe qu'elle

(choisir / amener) _____ (17) pour Joy était superbe! Pendant ce

temps, M. Campbell (s'asseoir / devoir) _____ (18) à la terrasse d'un

café. Il (savoir / sortir) _____ (19) son plan de Paris pour planifier

leurs visites du lendemain, il (écrire / lire) _____ (20) un bon guide et il

(boire / se détendre) _____ (21) quelques verres de vin rouge.

Leurs vacances parisiennes (prendre / passer) _____ (22) bien trop vite.

Une semaine, c'est court — ils (ne pas craindre / ne pas avoir) _____ (23)

le mal du pays, et ils (s'asseoir / se dire) _____ (24) «Ça (être / avoir)

_____ (25) une très bonne expérience!»

E. Qu'est-ce que tu as fait? Imaginez ce que les différentes personnes ont fait dans les circonstances suivantes.

MODÈLE: Qu'est-ce qui s'est passé quand elle a manqué le train?

Elle a dû attendre le prochain train.

1. Qu'avez-vous fait quand vous avez eu le mal du pays?

_____

2. Qu'est-ce qu'ils ont fait quand ils se sont perdus?

_____

3. Qu'est-ce qui s'est passé quand tu as eu la contravention?

_____

4. Maman et papa, qu'est-ce que vous avez fait quand vous vous êtes trompés de train?

_____

5. Qu'est-ce que Marie a fait le week-end dernier?

_____

6. Qu'est-ce que tes amis ont fait quand il n'y avait plus de place dans le terrain de camping?

_____

7. Qu'est-ce que tu as fait quand tu es arrivé(e) à la gare en retard?

_____

Phrases: Sequencing events
Vocabulary: City; problems; studies
Grammar: Compound past tense **(passé composé)**

F. On se plaint. *(We complain.)* Vous voulez que tout le monde vous plaigne *(feels sorry for you)* parce que vous êtes si occupé(e). Choisissez une journée récente dans votre vie, et faites une liste de tout ce que vous avez fait pendant la journée (utilisez le passé composé). Donnez beaucoup de détails! Utilisez une autre feuille de papier.

LEÇON 2

Cap sur le vocabulaire!

Phrases: Sequencing events
Grammar: Compound past tense; imperfect

A. Un contrebandier. Paul a vu quelque chose d'intéressant pendant son dernier voyage entre Rome et New York. Complétez son histoire de la manière suivante et utilisez une autre feuille de papier.

1. Faites des phrases complètes en utilisant les éléments donnés ci-dessous et en mettant tous les verbes au passé composé.

2. Ajoutez des expressions appropriées pour mieux lier les événements de l'histoire («D'abord», «Alors», «Tout à coup», «Puis», «Quand», «Au bout d'un moment», «Finalement...»)

MODÈLE: avant d'embarquer / Rome / remarquer / jeune homme

Avant d'embarquer à Rome, j'ai remarqué un jeune homme.

avant d'embarquer / Rome / remarquer /
    jeune homme
débarquer / New York
moi / montrer / passeport
passer / douane
moi / déclarer / achats

payer / droits nécessaires
autre passager / se présenter / douane
douanier / arracher / bagages du voyageur
il / fouiller
il / confisquer / drogue / bijoux / faux passeports
jeune homme / faire (imparfait) / contrebande!

La grammaire à apprendre

L'emploi du passé composé et de l'imparfait

B. Le passé composé et l'imparfait. Une bonne façon d'étudier la distinction entre le passé composé et l'imparfait, c'est de lire un texte en anglais et d'imaginer quel temps de verbe vous choisiriez si vous alliez traduire ce texte en français. Lisez les trois premiers paragraphes du livre *The Noonday Friends* par Mary Stoltz, et indiquez s'il faudrait utiliser le passé composé (écrivez *p.c.*) ou l'imparfait (écrivez *imp.*).

Franny Davis is one of three children in a poor family living in New York City. She is sensitive about her shabby clothes and about using the free lunch passes issued to poor children by her school district. She's sometimes rather lonely, because the only time she can see her friends is at lunchtime; after school, she must care for her little brother, Marshall.

Wishing it were cooler and wishing she weren't hungry, Franny Davis (**1**) *(stood)* in line at the school cafeteria door, fingering the lunch pass in her sweater pocket. It (**2**) *(was)* too warm today for her red sweater, but she (**3**) *(was wearing)* it anyway, and though it (**4**) *(was)* not really one of those wonderful bulky sweaters you (**5**) *(saw)* in the advertisements, it (**6**) *(looked like)* one. Sort of. Anyway, it (**7**) *(was)* the only piece of clothing she (**8**) *(owned)* that she (**9**) *(liked)*. Her skirt (**10**) *(was)* much mended and let down now as far as it (**11**) *(was going)* to go. Of course all the girls (**12**) *(were wearing)* short skirts these days, but there (**13**) *(was)* a difference between short skirts that (**14**) *(were bought)* that way—like the one Lila Wembleton (**15**) *(had on)*—and short skirts that had gotten that way. You wouldn't think the difference would show, but somehow it (**16**) *(did)*.

She (**17**) *(got)* inside the door, (**18**) *(showed)* her ticket to the teacher at the desk there, who (**19**) *(glanced)* at it, then (**20**) *(nodded)* and (**21**) *(smiled)* encouragingly at Franny.

As if to make up for something, Franny (**22**) *(thought)* touchily. Still, she (**23**) *(smiled)* back. Every day she (**24**) *(thought)* how nice it would be to say to that teacher, "Here, please give this to some child who needs it"—handing the ticket over with a gracious smile. "I find I am not in the least hungry today." Or "I find I won't be needing this anymore." But she never (**25**) *(did hand it over)* with a gracious smile, because by noontime she (**26**) *(was)* in the least hungry. Every noontime. [...]

Mary Stoltz, *The Noonday Friends,* New York, Evanston,
San Francisco, London: Harper & Row, 1965, pp. 1–2

1. _____	6. _____	11. _____	15. _____	19. _____	23. _____
2. _____	7. _____	12. _____	16. _____	20. _____	24. _____
3. _____	8. _____	13. _____	17. _____	21. _____	25. _____
4. _____	9. _____	14. _____	18. _____	22. _____	26. _____
5. _____	10. _____				

Nom _____ Date _____

C. Des vacances à la Martinique. Sylvie Perrot décrit son voyage à la Martinique. Mettez les verbes de son récit à la forme convenable du passé. Attention! Faut-il utiliser le passé composé ou l'imparfait? Est-ce qu'il faut utiliser **avoir** ou **être** comme verbe auxiliaire? Faut-il faire l'accord du participe passé?

Je n'oublierai jamais la semaine que je (passer) _____ (1) à la

Martinique avec mes parents l'année dernière — des vacances de rêve! Le jour où nous (partir)

_____ (2) de Chicago, il y (avoir) _____ (3)

un vent froid, et il (neiger) _____ (4) un peu. Quand nous (voir)

_____ (5) ça, nous (se féliciter) _____ (6)

d'avoir choisi cette destination!

Dans l'avion, pendant que mes parents (dormir) _____ (7),

je (sortir) _____ (8) mon manuel de français, et je (étudier)

_____ (9) mes verbes irréguliers. Après tout, Maman et Papa

(compter) _____ (10) sur moi pour être leur interprète!

Nous (descendre) _____ (11) dans un très bel hôtel à

Fort-de-France. Quand nous y (arriver) _____ (12), quelqu'un

(monter) _____ (13) nos valises dans nos chambres. Mais, malgré

notre fatigue, nous (savoir) _____ (14) que nous (ne pas

vouloir) _____ (15) nous reposer. Nous (vite / faire)

_____ (16) notre première visite de la ville.

Après une longue promenade, nous (s'installer) _____ (17)

à la terrasse d'un café, et nous (prendre) _____ (18) un jus

de fruits. Devant nous, nous (pouvoir) _____ (19) voir la baie,

et des gens qui (s'y baigner) _____ (20) et qui y (faire)

_____ (21) du bateau. Quelle vue magnifique!

Ça a été un voyage formidable, mais nous (ne pas pouvoir) _____ (22)

tout faire, ça va sans dire! Nous y retournerons bientôt — ça, c'est sûr!

LEÇON 3

Cap sur le vocabulaire!

A. C'est vous, l'interprète! Vous arrivez à un petit hôtel, et vous trouvez un groupe de touristes américains et anglais à la réception. Puisqu'ils ne parlent pas très bien le français, ils vous demandent de les aider. Traduisez l'essentiel de ce qu'ils disent pour le réceptionniste. Utilisez le vocabulaire des sections *Expressions typiques pour...* et *Mots et expressions utiles.*

MODÈLES: *On vous dit:* "I wonder if all the rooms are reserved. We didn't call ahead, so we hope there's something left."

Vous dites: «Est-ce qu'il y a une chambre de libre?»

On vous dit: "We need some change, because we've got a lot of big bills. Do you think we could pay for the room now instead of tomorrow morning—and in cash?"

Vous dites: «Ils voudraient régler la note tout de suite — et en espèces.»

1. *On vous dit:* "I'm trying to save money, so I'd really rather have a room without a bath. I don't mind walking down the hall to take a shower."

   Vous dites: _____.

2. *On vous dit:* "I left my key here before going out like they asked me to, and now I don't remember what my room number is! My name is Mrs. Smith."

   Vous dites: _____.

3. *On vous dit:* "We're feeling tired. Do you think we could have something to eat in the room tonight? I didn't ask whether they have room service here."

   Vous dites: _____.

4. *On vous dit:* "We're the Blackthornes. We've booked a room for tonight."

   Vous dites: _____.

5. *On vous dit:* "We want a room with a bath, but my husband hates bathtubs."

   Vous dites: _____.

6. *On vous dit:* "I'm short of cash. Do they accept any other means of payment here?"

   Vous dites: _____.

La grammaire à apprendre

L'emploi du plus-que-parfait

B. L'entre-deux-guerres. Nicole vient de trouver au grenier *(attic)* le journal de son grand-père qu'il a écrit pendant la Seconde Guerre mondiale. Afin que Nicole comprenne le journal, son grand-père doit lui décrire les difficultés qu'il avait connues juste avant, pendant la période de l'entre-deux-guerres *(period between the two world wars)*. Reconstruisez ses remarques en mettant les verbes entre parenthèses au plus-que-parfait.

La dernière année de la Première Guerre mondiale (être) _____ (1)

terrible. Il (ne pas y avoir) _____ (2) presque plus rien à

manger. Le pain, le sucre, le beurre (devenir) _____ (3)

très difficiles à trouver. Puis, pendant les mois qui suivaient la signature de la

paix, les gens du village (ressentir) _____ (4) un grand

optimisme; ils (reprendre) _____ (5) leur courage à

deux mains et (vouloir) _____ (6) reconstruire les maisons

et les fermes qui (être) _____ (7) démolies par les boulets

de canon. Je (J') (revenir) _____ (8) du front, blessé et gazé

(nerve-gassed). Il (falloir) _____ (9) me soigner pendant

des mois. Le gouvernement me (m') (donner) _____ (10)

immédiatement une pension, mais je (j') (refuser) _____ (11)

de rester inactif et je (j') (trouver) _____ (12) du

travail dans la ville voisine. Je répétais souvent: «Si seulement la guerre

(ne pas détruire) _____ (13) notre ferme!» Plus tard,

je (j') (se présenter) _____ (14) aux élections municipales

et je (j') (se faire) _____ (15) élire maire du village.

Je (J') (pouvoir enfin) _____ (16) retourner à la terre que

je (j')(aimer tant) _____ (17) avant la guerre. Donc, au

moment où j'ai écrit ce journal, les choses commençaient à aller mieux pour moi.

EXERCICES DE LABORATOIRE

PHONÉTIQUE

Les sons vocaliques [e] et [ɛ]   CD3–11

Pour prononcer la voyelle française [e], souriez en gardant vos lèvres tendues. Le son [e] rappelle le son dans le mot anglais *bait* mais plus bref et plus tendu. Il s'écrit **é, ez, et, er** ou **ai.** Ecoutez et répétez ces mots:

et	chez	téléphoner
découragé	Désiré	volé

A. Pratiquez maintenant la prononciation de [e] avec des phrases complètes. Répétez.

1. Didier est allé téléphoner.

2. Mélanie et Cécile n'ont pas regardé la télé.

3. Ecoutez, l'étranger est arrivé à Bagnolet en mai.

Il faut ouvrir la bouche un peu plus grand pour prononcer le [ɛ] français. Ce son vocalique est un peu plus tendu que le **e** dans le mot anglais *net*. Il s'écrit **è, ê, e, ei** ou **ai** dans une syllabe fermée. (Ajoutez à cela le mot **est.**) Ecoutez et répétez:

fidèle	être	permettre	Lisette
verveine	Maine	elle	

B. Faites le même exercice avec les phrases qui suivent.

1. La fidèle Lisette aime la verveine *(verbena tea)* fraîche.

2. Elle n'accepte pas qu'on peine sa belle-mère.

3. Sept frères permettent de faire une sélection prospère.

C. Ecoutez maintenant les sons [e] et [ɛ] dans le paragraphe suivant. Ensuite, lisez ce passage à haute voix.

Mon frère Dédé est allé à la mer l'année dernière. Son rêve était de rester près de l'eau, de regarder et d'écouter les oiseaux. Il s'est réalisé cet été-là. En fait, mon frère espère désormais passer le reste de ses étés loin des problèmes des grandes cités. Ce n'est pas la peine de travailler sans arrêt, dit-il. Même les ouvriers devraient mettre leurs rêves en premier.

Les sons [y] et [u]   CD3–12

Pour prononcer le [y] français (qui n'a pas d'équivalent en anglais), il faut d'abord sourire en étirant les lèvres, comme pour prononcer [i]. Arrondissez alors immédiatement les lèvres. Le [y] français s'écrit **u** et **û.** Ecoutez et répétez soigneusement les mots suivants:

du	salut	étudier	curiosité
naturel	sûr	Lucie	

D. Maintenant, écoutez et répétez le même son dans les phrases suivantes.

1. Gertrude a naturellement dû étudier.

2. Salut! Tu as entendu la superbe musique?

3. Naturellement, les adultes punissent les enfants têtus.

Le son vocalique [u] est semblable au son dans le mot anglais *soup,* mais il est plus bref et plus tendu. Il s'écrit **ou, où** et quelquefois aussi **oû**. Ce son est suivi par une consonne ou il termine le mot. (Quand **ou** est suivi d'une voyelle, il se prononce [w]: par exemple, **oui**.) Ecoutez et répétez les mots qui suivent:

nous	où	goût	Jean-Loup
Toulouse	trouver	nouveau	

E. Ecoutez et répétez les phrases suivantes.

1. Jean-Loup a trouvé un nouveau boulot à Toulouse.

2. Vous souvenez-vous avoir souvent joué aux boules?

3. Minou a oublié de se nourrir aujourd'hui et boude sous le tabouret.

F. Ecoutez maintenant le paragraphe suivant. Ensuite, répétez-le à haute voix.

En août, les touristes vont presque tous dans le sud. La Côte d'Azur s'ouvre comme un ultime refuge pour vous soulager de la routine journalière. Pourquoi une telle unanimité? La cuisine y est sublime; goûtez la soupe au pistou à Fréjus ou la bouillabaisse à Toulon. Et bien sûr, la plage est toujours super!

LEÇON 1

Conversation   CD3–13

En français, il y a plusieurs façons de demander à quelqu'un de raconter ses souvenirs. Il existe également beaucoup d'expressions pour dire qu'on se souvient ou qu'on ne se souvient pas de quelque chose. Ecoutez la Conversation (manuel, **chapitre 4**, leçon 1) en prêtant attention à ces expressions.

A. L'intonation des phrases. Maintenant, écoutez et répétez les phrases suivantes. Imitez l'intonation de la phrase en répétant les expressions qu'on utilise pour parler des souvenirs.

1. Qu'est-ce qui vous est arrivé?

2. Tu te souviens, Marc?

3. Tu te rappelles?

4. Oui, je ne l'oublierai jamais.

5. Ah, bon? Je ne me souviens pas de ça, moi, c'est marrant! C'était quand?

6. Je ne sais plus, mais pendant la nuit, je crois.

7. On l'a cherchée partout, tu ne te rappelles pas?

8. Ah, si, si! Je me souviens maintenant! Quelle horreur!

Nom _____ Date _____

B. La bonne réponse. Ecoutez les mini-conversations, et dites s'il s'agit d'un bon souvenir ou d'un mauvais souvenir.

1. bon   mauvais   3. bon   mauvais

2. bon   mauvais   4. bon   mauvais

La grammaire à apprendre

Le passé composé   CD3–14

C. J'ai séché mes cours. Maude a manqué l'école hier: elle voulait faire toutes les choses qu'elle dit n'avoir jamais le temps de faire d'habitude. Décrivez les activités de Maude en regardant les dessins ci-dessous et en répondant avec le passé composé aux questions que vous entendez.

MODÈLE: Vous entendez: Est-ce que Maude s'est levée à huit heures hier?

*Vous répondez: **Non, Maude s'est levée à midi.***

1.
2.
3.

4.
5.
6.

7.

D. Pardon, Maman! La mère de Maude vient d'apprendre que sa fille a séché ses cours hier. Elle lui pose des questions pour savoir exactement ce que Maude a fait. Jouez le rôle de Maude.

MODÈLE: *Vous lisez:* **Non, nous...** (une comédie)

             Vous entendez: Vous avez vu un film violent?

             Vous répondez: **Non, nous avons vu une comédie.**

1. Non,... (à midi).

2. Euh, non,... (me promener dans le parc)

3. Oui,...

4. Mais non!... (à la maison)

5. Mais non, Maman!... (de l'eau minérale)

6. Euh, non,...

7. Eh bien, oui,...

8. Oui, Maman!... (ne pas te mentir)

LEÇON 2

Conversation   CD3–15

En français, il existe plusieurs expressions pour prendre la parole, céder la parole à quelqu'un et pour lier une suite d'événements. Ecoutez la Conversation (manuel, **chapitre 4**, leçon 2) en prêtant attention à ces expressions.

A. L'intonation des phrases. Maintenant, écoutez et répétez les phrases suivantes. Imitez l'intonation de la phrase en répétant les expressions qu'on utilise pour raconter une histoire.

1. Alors, tu as mentionné la Louisiane.

2. Allez, raconte, j'aimerais y aller un jour!

3. C'était vraiment extraordinaire! Tu sais, d'abord, on est allé à La Nouvelle-Orléans.

4. Mais tu ne croiras jamais ce qui nous est arrivé!

5. Un jour, on est allé dans les «bayous».

6. Tout à coup, il y en a un qui a arraché le nounours d'un enfant.

7. Hein? Tu plaisantes!

La grammaire à apprendre

L'emploi de l'imparfait et du passé composé   CD3–16

B. C'est parce que... Jacques ne fait jamais ce qu'il faut et il trouve toujours des excuses. Jouez le rôle de Jacques et répondez aux questions de ses parents.

MODÈLE: *Vous lisez:* **ne pas avoir faim**

             Vous entendez: Pourquoi est-ce que tu n'as rien mangé?

             Vous répondez: **Je n'ai rien mangé parce que je n'avais pas faim.**

1. être malade

2. ne pas avoir le temps

3. ne pas pouvoir étudier tous les soirs

4. coûter trop cher

5. vouloir des disques de très bonne qualité

6. lire des magazines très intéressants

C. Raconte-moi tout! Frédérique a manqué la soirée de son amie Elise. Maintenant elle veut qu'Elise lui raconte tout ce qui s'est passé. Jouez le rôle d'Elise. Créez des phrases avec les éléments donnés et en employant un verbe à l'imparfait et un verbe au passé composé pour aider Frédérique à mieux imaginer les événements de la soirée.

MODÈLE: *Vous lisez:* **tout le monde / parler de politique**

       Vous entendez: Qu'est-ce qu'on faisait quand Yves est arrivé?

       Vous répondez: **Tout le monde parlait de politique quand Yves est arrivé.**

1. je / nettoyer la maison

2. Dominique / choisir des disques

3. nous / danser

4. Alain et Claire / s'embrasser

5. nous / manger

6. ils / regarder la télévision

L E Ç O N   3

Conversation   CD4–2

Lorsqu'on parle français, il faut savoir réagir de façon appropriée quand on vous raconte une histoire. Il faut aussi connaître des expressions pour gagner du temps quand on parle. Ecoutez la Conversation (manuel, **chapitre 4**, leçon 3) en prêtant attention à ces expressions.

A. L'intonation des phrases. Maintenant, écoutez et répétez les phrases suivantes. Imitez l'intonation de la phrase en répétant les expressions qu'on utilise pour gagner du temps ou pour réagir à un récit.

1. Mais, dis-moi encore...

2. Qu'est-ce que vous avez fait après?

3. Tu sais, ça nous a fait tellement peur que nous sommes partis tout de suite.

4. C'est même difficile à imaginer...

5. Qu'est-ce qu'il y a d'intéressant à voir?

6. Bon, euh, il y a le quartier français, euh, le Vieux Carré...

7. Les balcons, les maisons, enfin, tout est de style espagnol.

8. Et puis il y a le jazz partout.

B. La bonne réponse. En français, il existe plusieurs façons différentes d'exprimer une réaction à ce qu'on vous dit. Ecoutez ce qu'on dit, et choisissez la phrase qui veut dire plus ou moins la même chose.

1. Vous voyez? / Ça alors!

2. Je comprends. / C'est vachement bizarre!

3. C'est tout? / Hein?

4. C'est pas vrai! / Ça ne m'étonne pas.

La grammaire à apprendre   CD4–3

C. Dis, Papa! Jean-Charles voudrait en savoir plus sur l'époque où son père a rencontré sa mère. Alors, il pose beaucoup de questions à son père. Jouez le rôle du père et utilisez le plus-que-parfait pour répondre aux questions de Jean-Charles.

MODÈLE: *Vous lisez:* **la connaître à Bordeaux**

   Vous entendez: Alors, tu as connu Maman à Paris?

   Vous répondez: **Non, je l'avais déjà connue à Bordeaux.**

1. je / finir mes études

2. il / se marier

3. elle / commencer à travailler

4. elle / mourir

5. je / acheter un appartement

6. nous / faire d'autres voyages

Dictée   CD4–4

D. Un voyage mouvementé. Marguerite, étudiante française dans une université américaine, nous raconte un mauvais souvenir de vacances. Ecoutez son histoire et transcrivez-la *(transcribe it)* aussi fidèlement que possible. D'abord, vous entendrez le passage en entier. Ensuite, chaque phrase sera lue deux fois. Enfin, tout le passage sera répété afin que vous puissiez corriger votre travail. Ecoutez.

MOTS UTILES: enregistrer (des bagages)   *to check in (luggage)*
   retarder   *to delay*
   quand même   *in spite of everything*

_____

_____

_____

_____

_____

_____

_____

_____

_____

_____

_____

_____

_____

_____

_____

Compréhension

Les vacances et la circulation CD4–5

Dans ce chapitre, vous avez appris à raconter une histoire et à décrire vos souvenirs. Vous avez beaucoup parlé de vacances et de moyens de transport. Maintenant, imaginez que nous sommes le 1er juillet. En France, la plupart des vacanciers *(vacationers)* partent en vacances le 1er et le 15 juillet et le 1er et le 15 août. Etudiez la carte et les *Mots utiles* ci-dessous, puis écoutez ce bulletin d'informations donné par la station de radio Europe 1.

MOTS UTILES: meurtrier *deadly*
blessés *injured people*
la route patinoire *road like an ice-skating rink*
un bouchon *traffic jam*
le Grand Prix de formule 1 *[famous car race]*
encombrer *to congest, block*
une lame de fond *ground swell*
intervention *life-saving attempts*
la noyade *drowning*
une insolation *sunstroke*

E. Quelles vacances! Choisissez toutes les réponses qui sont correctes.

_____ 1. C'est aujourd'hui le 1er juillet. Un ami part en vacances. Vous lui conseillez de (d')...

    a. prendre l'avion.

    b. attendre jusqu'au 3 juillet.

    c. partir en voiture.

_____ 2. Le présentateur nous dit que c'est le début des vacances et qu'il y a déjà...

    a. beaucoup d'accidents.

    b. des morts.

    c. des heures d'attente dans les aéroports et des bouchons sur les autoroutes.

_____ 3. L'embouteillage du trafic aérien est dû...

    a. au week-end et au début de la période des vacances.

    b. à une course automobile qui a lieu au moment des départs en vacances.

    c. à une grève des aiguilleurs du ciel *(air traffic controllers)*.

_____ 4. Vous êtes en Languedoc-Roussillon. Vous...

    a. allez faire attention au vent.

    b. allez vous baigner après avoir pris le soleil.

    c. n'allez pas vous baigner pour le moment.

A l'aéroport   CD4–6

Vous rentrez aux Etats-Unis d'un voyage en Europe. Vous êtes dans une salle d'embarquement à l'aéroport international de Genève. Une demi-heure avant le départ, cette annonce est faite aux passagers.

MOT UTILE: un siège   *seat*

F. Dans la salle d'embarquement. Vous expliquez en anglais à votre ami qui ne parle pas français l'annonce que vous venez d'entendre.

1. Ce qu'il faut faire avec la carte d'accès à bord: _____

_____

2. Ce qu'il faut faire avec les bagages à main: _____

_____

G. A bord de l'avion. Remplissez les renseignements ci-dessous selon l'annonce que vous venez d'entendre.

1. Ligne aérienne: _____

2. Destination du vol: _____

3. Correspondance pour New York —numéro du vol: _____

ville de débarquement: _____

Agnès parle de son arrière-grand-père   CD4–7

Dans ce chapitre, vous vous êtes familiarisé(e) avec le récit d'événements passés. Etudiez les *Mots utiles* ci-dessous, puis écoutez l'histoire d'Agnès.

MOTS UTILES:	une maquette *model*	recoller *to reglue*
	une voile *sail*	la cale *hold of a boat*
	l'arrière-grand-père *great-grandfather*	la coque *hull of a boat*
	un canon *cannon*	le gage *token*
	déchiré *torn*	trahi *betrayed*

H. Oui ou non? Selon l'histoire racontée par Agnès, indiquez si *oui* ou *non* les faits suivants sont exacts.

_____ 1. L'arrière-grand-père a travaillé longtemps dans la construction des bateaux.

_____ 2. Le bateau en question est une maquette d'un bateau de guerre.

_____ 3. A l'intérieur, on a trouvé la photo d'un ami de l'arrière-grand-père.

_____ 4. La famille a été surprise d'apprendre que l'arrière-grand-père n'avait pas construit ce bateau.

_____ 5. Cette histoire amuse la famille d'Agnès.

EXERCICES ÉCRITS

Exprimez-vous!

LA GRAMMAIRE À RÉVISER

Avant la première leçon

Le subjonctif

La vie estudiantine: mode d'emploi *(directions for use)*. On a interviewé professeurs, étudiants et parents pour connaître leurs avis sur ce qu'un(e) étudiant(e) doit faire pour réussir. Malheureusement, leurs conseils ont été mélangés. Trouvez ce que chaque personne a dit, et complétez la liste de conseils. Remarquez que toutes les constructions exigent un verbe au subjonctif.

arriver aux cours à l'heure
assister régulièrement aux cours
conserver une bonne moyenne *(GPA)*
se détendre
dormir suffisamment
leur écrire régulièrement
étudier sérieusement
manger équilibré

pratiquer un sport trois fois par semaine
remettre leurs devoirs à temps
répondre vite à leurs lettres
réussir aux examens
rire avec vos amis
sortir au moins une fois par mois
leur téléphoner

1. **FRANÇOISE D.** (étudiante): Pour obtenir ton diplôme, il faut que tu...

   suives un certain nombre de cours obligatoires; _____

   _____

   _____

   _____

2. **PAUL V.** (professeur): Pour entretenir de bons rapports avec les profs, il est important que les étudiants...

   les respectent; _____

   _____

   _____

   _____

3. **MARTIN G.** (étudiant): Pour rester en bonne forme physique, il est nécessaire que nous...

   établissions un bon rythme de vie; _____

   _____

   _____

   _____

4. **MARION T.** (mère): Pour maintenir le moral, il faut aussi que vous...

   lisiez un bon livre de temps en temps; _____

   _____

   _____

   _____

5. **Hélène B.** (étudiante): Et pour rassurer mes parents qui habitent loin, il est essentiel que je...

leur donne souvent des nouvelles; _____

_____

_____

_____

L E Ç O N   1

Cap sur le vocabulaire!

A. Auto-test. Quel rôle la télévision joue-t-elle dans votre vie? Passez ce petit auto-test pour voir...

1. Il y a _____ poste(s) de télé chez moi.

2. Je regarde la télé... (cochez [*check*] la réponse appropriée)

   _____ entre 0 et 5 heures par semaine.

   _____ entre 6 et 10 heures par semaine.

   _____ entre 10 et 20 heures par semaine.

   _____ plus de 20 heures par semaine.

3. J'allume la télé... (cochez les réponses appropriées)

   _____ quand je me sens seul(e).

   _____ quand j'ai besoin de me détendre.

   _____ quand je n'ai pas envie de parler aux autres.

   _____ quand j'ai envie d'apprendre quelque chose.

   _____ quand je suis déprimé(e).

4. Avez-vous surtout envie de regarder la télé quand il fait beau ou quand il pleut?

   _____

5. Je suis invité(e) à sortir ce soir, mais mon émission préférée passe à la télé ce soir. (cochez la réponse appropriée)

   _____ Je sors quand même; les amis sont plus importants que la télé.

   _____ J'utiliserai mon magnétoscope pour enregistrer l'émission. Je la regarderai demain.

   _____ Je reste à la maison. Je ne rate jamais cette émission.

6. En général, préférez-vous sortir avec vos amis ou regarder la télé?

_____

7. Je suis en train de regarder la télé quand une amie arrive chez moi. (cochez la réponse appropriée)

_____ J'éteins la télé pour parler avec elle.

_____ Je baisse le son, et je continue à regarder l'écran d'un œil pendant que je lui parle.

_____ J'augmente le son pour ne rien rater.

8. Je regarde surtout... (cochez les réponses appropriées)

_____ les feuilletons.

_____ les jeux télévisés.

_____ les séries.

_____ le journal télévisé (les actualités).

_____ les causeries.

_____ les émissions de variétés.

_____ les reportages.

_____ le sport (matchs de football, etc.).

_____ les films.

_____ les débats politiques.

_____ les dessins animés *(cartoons)*.

_____ _____ (précisez)

9. Quel(s) programme(s) comptez-vous regarder cette semaine?

_____

10. A propos de la télécommande... (cochez la réponse appropriée)

_____ Elle est à moi — je ne la partage avec personne.

_____ Ça ne me gêne pas que quelqu'un d'autre la prenne.

_____ Je n'ai pas de télécommande. Je me lève de mon fauteuil pour changer de chaîne.

11. J'aime (J'aimerais) avoir la télévision par câble afin de pouvoir... (cochez les réponses appropriées)

____ regarder les films étrangers.

____ regarder les émissions de sport.

____ avoir plus de chaînes.

____ regarder les nouveaux films.

____ regarder des émissions éducatives.

____ _____ (précisez)

12. Préférez-vous regarder les films étrangers en version originale avec des sous-titres ou sans sous-titres?

_____

Maintenant, analysez vos réponses (ou les réponses d'un[e] camarade de classe). Que révèlent-elles à propos du rôle de la télévision dans votre vie? Y occupe-t-elle une place raisonnable ou êtes-vous son esclave? Ecrivez votre analyse sur un autre feuille de papier.

La grammaire à apprendre

Le subjonctif: formation irrégulière; la volonté

B. Mais, décidez-vous! Vous travaillez depuis trois semaines pour une chaîne de télévision, mais vous devenez très frustré(e). Vous avez deux patrons différents, et ils se contredisent *(contradict)* constamment! Quand le deuxième patron vous donne un ordre, vous lui dites ce que le premier patron vous a déjà dit.

1. M. Le Gall: J'aimerais bien que vous nous (tutoyer) _____.

Vous: Mais M. Delavigne ne veut pas que je le (tutoyer) _____!

2. M. Le Gall: Je préfère que vous (prendre) _____ le café avec les autres stagiaires *(interns)*.

Vous: Mais M. Delavigne souhaite que je (prendre)

_____ le café avec vous!

3. M. Le Gall: J'exige que vous (venir)

_____ à la réunion demain.

Vous: Mais M. Delavigne ne veut pas que je (venir)

_____ à cette réunion!

4. M. Le Gall: J'aimerais que vous (voir) _____ la directrice du personnel cette semaine.

Vous: Mais M. Delavigne préfère que je la (voir) _____ la semaine prochaine!

5. **M. Le Gall:** Je désire que vous (acheter) _____ des vêtements plus «professionnels» pour travailler ici.

      Vous: Mais M. Delavigne ne veut pas que j'(acheter) _____ des vêtements plus «professionnels»!

6. **M. Le Gall:** Ça va. J'aime bien que vous (recevoir) _____ du courrier *(mail)* personnel au bureau de temps en temps.

      Vous: Mais M. Delavigne n'aime pas que je (recevoir) _____ du courrier personnel ici!

7. **M. Le Gall:** Je préférerais que vous (finir) _____ ce projet pour vendredi prochain.

      Vous: Mais M. Delavigne exige que je le (finir) _____ pour demain!

8. **M. Le Gall:** J'aimerais que vous (aller) _____ à la bibliothèque municipale pour faire ces recherches.

      Vous: Mais M. Delavigne voudrait que j'(aller) _____ à la bibliothèque universitaire pour les faire!

9. **M. Le Gall:** Nous avons besoin de vous parler cet après-midi. Je préférerais que vous nous (attendre)

      _____ si nous sommes en retard.

      Vous: Mais M. Delavigne ne veut pas que je vous (attendre) _____!

C. Exigences et désirs. Construisez une phrase pour exprimer les exigences des diverses personnes ci-dessous. Mettez le verbe de la proposition subordonnée au subjonctif, si l'expression de volonté l'exige.

MODÈLE: les téléspectateurs / souhaiter / le journaliste / connaître bien la politique de cette région

    Les téléspectateurs souhaitent que le journaliste connaisse bien la politique de cette région.

1. le journaliste / vouloir / le président / dire la vérité

    _____

    _____

    _____

2. les annonceurs *(advertisers)* / préférer / ces émissions / ne pas être trop controversées

    _____

    _____

    _____

3. ces adolescents / vouloir bien / leur nouvel appartement / avoir la télévision par câble

_____

_____

_____

4. je / souhaiter / tu / savoir à quelle heure passe le film

_____

_____

_____

5. ils / exiger / leurs enfants / ne pas choisir d'émissions trop violentes

_____

_____

_____

6. les clients / désirer / l'agence de publicité / faire / des spots publicitaires originaux

_____

_____

_____

7. je / aimer bien / vous / pouvoir participer à ce jeu télévisé

_____

_____

_____

8. elle / aimer / je / apprendre à apprécier les films étrangers

_____

_____

_____

9. ces étudiants / espérer / le match de foot / passer à la télé ce week-end

_____

_____

_____

Vocabulary: Personality
Grammar: Subjunctive

SYSTÈME-D

D. Vos exigences. Et vous, que souhaitez-vous des personnes suivantes? (Utilisez cinq expressions de volonté différentes.)

MODÈLE: nos leaders politiques:

Je désire que nos leaders politiques soient honnêtes.

1. votre camarade de chambre: _____

   _____

2. vos parents: _____

   _____

3. vos professeurs: _____

   _____

4. votre employeur (présent ou futur): _____

   _____

5. vos amis: _____

   _____

LEÇON 2

Cap sur le vocabulaire!

A. Psychiatrie pour débutants. Selon certaines écoles de psychiatrie, il faut laisser parler le patient/la patiente, sans faire de commentaires. Jouez le rôle du psychiatre. Répétez en d'autres mots ce que disent vos patients, pour montrer que vous les écoutez.

MODÈLE: «Ça m'a beaucoup déçue.»

Ah, vous avez été très déçue.

1. «Je suis un peu inquiet.»

   Ah, _____

   _____ .

2. «Je suis très en colère.»

   Ah, _____.

3. «Ça m'agace!»

   Ah, _____.

4. «J'en ai marre!»

   Ah, _____.

5. «Je trouve ça formidable!»

   Ah, _____.

6. «Ça me barbe!»

   Ah, _____.

7. «Je ne suis pas heureux.»

   Ah, _____.

8. «Ça ne me dit rien de faire ça.»

   Ah, _____.

B. Portrait d'une publication. Prenez un numéro
(an issue) d'un journal ou d'un magazine américain, et
faites-en le «portrait» pour le présenter à un public
français qui ne le connaît pas.

1. Comment s'appelle cette publication?

   _____

   _____

2. Est-ce ____ un quotidien, ____ un hebdomadaire,

   ____ un mensuel, ____ un bimensuel, ____

   _____ (précisez)?

3. Le magazine/journal a un tirage de combien d'exemplaires?

   _____

4. Etes-vous abonné(e) à ce journal/magazine?

   _____

5. Combien coûte un abonnement?

_____

6. Qui sont les lecteurs/lectrices de ce journal/magazine? (Précisez leur(s) âge, sexe, groupe socio-
économique, intérêts, orientation politique, etc.)

_____

_____

_____

7. Quel genre d'articles le journal/magazine contient-il? (Par exemple, y a-t-il des reportages, des bandes
dessinées, des lettres écrites par des lecteurs, des petites annonces, etc.?) Pour donner une idée du
contenu, du ton et du style, citez quelques rubriques que vous trouvez dans le journal/la revue.

_____

_____

_____

_____

8. Analysez les publicités que contient le journal/magazine. Qu'est-ce qu'elles révèlent sur ses éditeurs
(publishers) et/ou ses lecteurs?

_____

_____

_____

_____

La grammaire à apprendre

Le subjonctif: l'émotion, l'opinion et le doute

C. La télévision et les enfants. Une jeune mère a lu un article sur les enfants et la télévision et
exprime ses opinions sur ce sujet. Combinez les groupes de mots pour former une phrase au subjonctif.

1. il est regrettable / les écoliers français / passer 1 000 heures par an devant la télé

_____

_____

2. il n'est pas bon / les enfants / lire très peu

_____

_____

3. il est essentiel / les programmateurs de télévision / choisir des émissions éducatives pour les enfants

_____

_____

4. il vaut mieux / les chaînes de télévision / interdire *(prohibit)* les publicités pour les jouets

_____

_____

Cette jeune femme continue à exprimer ses opinions sur la télé. Imaginez ce qu'elle dit. Refaites les phrases suivantes en employant chaque fois une des expressions d'émotion données.

Je suis déçue   Je suis furieuse
Je suis désolée   Je suis heureuse
Je suis étonnée   Je regrette
Je suis fâchée   Je suis ravie

5. On ne peut pas s'amuser aujourd'hui sans télé.

_____

_____

6. On perd son temps à regarder des émissions débiles.

_____

_____

7. On ne va presque plus au musée ou au théâtre.

_____

_____

8. Mes enfants ne veulent pas toujours regarder la télé!

_____

_____

D. Des projets d'avenir. Une étudiante française, qui se spécialise en journalisme, vous parle de ses projets d'avenir. Mettez les verbes entre parenthèses au futur de l'indicatif ou au présent du subjonctif. Puis formulez vos propres pensées en utilisant une des expressions impersonnelles suivantes: **il est certain (sûr, possible, impossible, douteux, probable, peu probable); il n'est pas certain (sûr); il se peut; il semble; il est évident.**

1. «Il est certain que je (recevoir) _____ mon diplôme en 2005.»

   Et vous?

   _____

   _____

2. «Je ne pense pas que le chômage *(unemployment)* (être)

   _____ un problème dans ma profession.»

   Et vous? _____

3. «Quand même, il est possible que j'(avoir) _____ plus d'une carrière pendant ma vie.»

   Et vous? _____

4. «Il se peut que je (vivre) _____ dans un pays étranger un jour.»

   Et vous? _____

5. «Il est peu probable que je (vouloir) _____ me marier ou avoir des enfants.»

   Et vous? _____

L'infinitif pour éviter le subjonctif

E. Conversations. Complétez les extraits de conversations suivants avec le subjonctif ou l'infinitif des verbes entre parenthèses. Faites attention aux sujets donnés. Ajoutez **que** ou, si nécessaire, **de** selon le cas.

MODÈLES: Je suis content (je / avoir) _____ un ordinateur.

Je suis content d'avoir un ordinateur.

Je suis contente (tu / avoir) _____ un ordinateur.

Je suis contente que tu aies un ordinateur.

1. — Martine, est-ce que tu veux (tu / emprunter) _____ mon dernier numéro de *l'Express*?

   — Non... Tu es gentille, mais je préfère (je / lire) _____ les hebdos féminins comme *Femme actuelle*.

— Je sais, mais j'aimerais bien (tu / lire) _____ cet article de *l'Express* sur

le salaire des femmes. Il n'est pas normal (les femmes / gagner) _____

_____ moins d'argent que les hommes.

— Ah oui alors, c'est révoltant! A travail égal, salaire égal! J'emprunte ton magazine, mais je ne suis

pas sûre (je / pouvoir) _____ le lire cette semaine.

2. — Le prof d'anglais veut (nous / regarder) _____ une vidéocassette sur la
publicité américaine. C'est super, hein?

— J'ai peur (je / ne rien comprendre) _____.

Les Américains parlent si vite.

— Moi, je suis ravie (je / voir) _____ de «vraies» publicités américaines

«made in America» et pour les Américains. Le prof désire (nous / analyser) _____

_____ les techniques psychologiques et les éléments culturels. C'est

vachement intéressant, je trouve.

— Oui, c'est vrai que ce sera intéressant (comparer) _____ les publicités

américaines avec les pubs françaises. Tu sais, il se peut (je / aller) _____
aux Etats-Unis l'été prochain.

— Oh, tu as de la chance! Je voudrais tant (je / pouvoir) _____ y aller!

F. Famille et télé. On n'est pas toujours d'accord chez les Dupré! Traduisez en français le paragraphe
suivant. Utilisez une autre feuille de papier.

Marc wants to watch an American series on TF1. But his sister Hélène would prefer to watch a game
show on France 3. Their parents are tired of hearing their arguments *(leurs disputes)*. They want Marc
and Hélène to go and study in their rooms. Finally, everyone watches the news and a broadcast on
Japan together.

LEÇON 3

Cap sur le vocabulaire!

A. Relations professionnelles. Complétez l'histoire de cette dispute entre collègues en utilisant les mots et expressions utiles de la liste suivante.

un apéritif	défendre	persuader
aboutir à un compromis	une dispute	le point de vue
calmer	efforcé	prendre une décision
changé d'avis	l'esprit ouvert	des remords
convaincre	indécis	renoncer
décidé	interdise	têtu

M. Desondes et M. Sansfil gèrent *(manage)* ensemble une station de radio. Un jour, leur patron leur a

demandé de _____ **(1)** importante: la station allait-elle

_____ **(2)** aux disc jockeys de diffuser des chansons avec des paroles

sexuelles, violentes ou vulgaires? Depuis le début, M. Desondes était sûr qu'il fallait qu'on

_____ **(3)** ces chansons, et il n'a jamais

_____ **(4)**. D'abord, M. Sansfil était

_____ **(5)**. Il n'avait jamais aimé ce genre de chanson, mais il s'était

_____ **(6)** à garder _____ **(7)**.

Il a fini par conclure qu'il était contre la censure *(censorship)*. Il comprenait

_____ **(8)** de M. Desondes, mais il s'est

_____ **(9)** de le _____ **(10)** de

_____ **(11)** à sa position — ou au moins de la modérer un peu.

Mais M. Desondes est demeuré _____ **(12)**. M. Sansfil lui a dit de

s'efforcer de se _____ **(13)**. Les deux hommes n'ont jamais pu

_____ **(14)**. Chaque discussion qu'ils ont eue a fini par

_____ **(15)**. Leur patron se demandait: «Qu'est-ce qu'il faut leur

dire pour les _____ **(16)** de mieux s'entendre?» Découragé, leur

patron a dû résoudre le problème pour eux. Les deux hommes ne sont toujours pas d'accord, mais ils ont

_____ **(17)** parce qu'ils travaillent moins bien ensemble maintenant.

Le patron a tout essayé. Il a invité les deux hommes au restaurant. Avant le dejeuner, il a proposé de prendre un _____ (18), mais les deux hommes ont refusé; ils

voulaient travailler, pas boire!

La grammaire à apprendre

Le subjonctif: la nécessité et l'obligation

B. Les exigences de votre vie. A partir des thèmes donnés, dites ce qu'il est nécessaire (ou non) que vous fassiez. Finissez les phrases en utilisant les éléments donnés et en faisant attention au choix du mode (subjonctif ou infinitif). Ensuite, composez votre propre phrase.

Les études:
payer les droits d'inscription universitaire / avoir une moyenne de A / choisir ma spécialisation bientôt / suivre des cours l'été prochain / prendre des cours particuliers

Il n'est pas nécessaire que _____

Je dois _____

(Votre phrase) _____

Le cours de français:
aller au laboratoire de langues / avoir un(e) correspondant(e) français(e) / lire des magazines français / écrire des rédactions

Il est obligatoire que _____

Le prof exige que _____

(Votre phrase) _____

L'argent:
trouver du travail / faire des économies / avoir une carte de crédit / devenir riche / donner de l'argent aux autres

Il est essentiel que _____

Il n'est pas nécessaire que _____

(Votre phrase) _____

Le compagnon ou la compagne idéal(e):
être intelligent(e) (beau/belle, riche) / avoir de l'humour (de la tendresse, de la patience) / aimer la musique (le sport, les voyages, la nature)

Il est indispensable que _____

Il/Elle doit _____

(Votre phrase) _____

Le passé du subjonctif

C. Quelle histoire! Vous connaissez M. Sansfil. Après avoir entendu son histoire, vous lui donnez vos réactions. Combinez les phrases en utilisant le passé du subjonctif.

MODÈLE: Je suis content(e). Vous avez essayé de voir le point de vue de M. Desondes.

Je suis content(e) que vous ayez essayé de voir le point de vue de M. Desondes.

1. Je suis impressionné(e). Votre patron vous a demandé de prendre cette décision.

_____

_____

2. Je regrette. M. Desondes n'a jamais changé d'avis.

_____

_____

3. Je suis ravi(e). Vous vous êtes décidé à garder l'esprit ouvert.

_____

_____

4. Ce n'est pas bien. Chaque discussion est devenue une dispute.

_____

_____

5. C'est dommage. Vous n'avez jamais pu aboutir à un compromis.

_____

_____

6. Je suis soulagé(e). Votre patron s'est efforcé de trouver une solution.

_____

_____

7. Je suis désolé(e). Vous n'êtes pas restés amis.

_____

_____

EXERCICES DE LABORATOIRE

PHONÉTIQUE

Révision des *chapitres 1 à 4* CD4–8

A. Ecoutez et répétez les mots suivants en faisant attention à l'accentuation.

latitude	opportunité	caractère	natation	infirmité
ordinateur	sélection	impressionnisme	habituellement	démocratie

B. Ecoutez et répétez les phrases suivantes en faisant attention à l'intonation montante ou descendante de chaque groupe de mots.

1. Après avoir payé la facture, tu as été au supermarché où tu as acheté des provisions pour la semaine prochaine.

2. Nous avons gagné.

3. Quand je la recevrai, je lirai cette lettre et puis j'écrirai ma réponse.

4. Monique est très belle.

5. Monique est très belle, mais elle n'est pas gentille.

C. Ecoutez et répétez les questions suivantes.

1. Combien de côtelettes est-ce que tu veux?

2. Tu te souviens de cette histoire?

3. Quelle était sa réaction?

4. Où allons-nous?

5. Faut-il que tu ailles en classe ce soir?

D. Ecoutez et répétez les phrases suivantes. Barrez *(Put a slash through)* le [ə] quand il n'est pas prononcé.

1. Je ne vais que rarement dans cette grande boucherie.

2. Mercredi prochain, il se lèvera tôt et emmènera sa cousine en Allemagne.

3. Le Chemin Vert est une ruelle entre le marchand de journaux et l'appartement d'Evelyne.

4. Demain, elle ira chez le dentiste pour se faire extraire une dent de sagesse.

5. Même si on me le demande, je n'ai pas le temps de travailler en ce moment.

E. Ecoutez et répétez les phrases suivantes.

1. Je n'ose pas dire que cette photo de Maurice n'est pas bonne.

2. Notre-Dame est trop loin de l'Opéra pour y aller sans auto.

3. La chose la plus drôle est quand vos gosses répondent au téléphone.

F. Ecoutez et répétez les phrases suivantes.

1. Félicité était un être fidèle à sa maîtresse.

2. Les sept frères de Michelle buvaient du thé, mais elle préférait la bière.

3. Elle a été élevée dans une vieille maison dans le Maine.

G. Vous allez entendre des mots qui contiennent le son [y] ou le son [u]. Pour chaque mot, mettez une croix dans la colonne à laquelle appartient le son que vous identifiez. Ensuite, répétez ce mot.

MODÈLE: *Vous entendez:* pousser

Vous faites: **une croix dans la colonne** [u]

Vous répétez: **pousser**

	[y]	[u]
1. puce	_____	_____
2. dégoût	_____	_____
3. surveiller	_____	_____
4. secousse	_____	_____
5. éperdu	_____	_____

H. Ecoutez et répétez ce paragraphe, un peu absurde, qui contient tous les sons que vous avez pratiqués dans les **chapitres 1** à **4.**

A quel sport est-ce que tu vas jouer aujourd'hui? Vraiment, je pense que tu ne t'intéresses qu'à cela! Et il y a tellement d'autres choses à faire! Tu devrais rechercher les autres opportunités qu'offre la vie. Tu ne regardes pas autour de toi? On trouve de tout.

LEÇON 1

Conversation CD4–9

En français, il existe beaucoup d'expressions pour dire ce que l'on veut ou ce que l'on préfère. Ecoutez la Conversation (manuel, **chapitre 5**, leçon 1) en prêtant attention à ces expressions.

A. L'intonation des phrases. Maintenant, écoutez et répétez les phrases suivantes. Imitez l'intonation de la phrase et les expressions qu'on utilise pour dire ce que l'on veut ou ce que l'on préfère.

1. J'aimerais bien voir Vanessa Paradis.

2. Il vaut mieux monter dans ta chambre maintenant.

3. J'ai l'intention de faire des exercices qui ressemblent à ceux du livre.

4. Il faut en refaire quelques-uns maintenant.

5. Je voudrais bien voir Vanessa Paradis.

B. La bonne réponse. Il existe en français plus d'une façon de dire la même chose. Ecoutez les phrases suivantes, et choisissez la phrase qui exprime plus ou moins la même idée.

_____ 1. a. Il vaut mieux aller à ce concert.

b. Je compte aller à ce concert.

c. Je veux vraiment aller à ce concert.

_____ 2. a. J'ai l'intention de finir ce travail demain.

b. Il vaut mieux finir ce travail demain.

c. J'ai envie de finir ce travail demain.

_____ 3. a. Je préfère lire un bon livre.

b. J'espère lire un bon livre.

c. Je voudrais bien lire un bon livre.

La grammaire à apprendre

Le subjonctif: formation irrégulière   CD4–10

C. Un égoïste. Philippe est très égoïste: il ne pense jamais qu'à lui. Son ami Jacques doit sans cesse lui rappeler que les autres, ses amis en particulier, existent aussi. Jouez le rôle de Jacques. Mettez à la première personne du pluriel (**nous**) les phrases que Philippe prononce à la première personne du singulier (**je**). Faites tout autre changement nécessaire.

MODÈLE: *Vous entendez:* Il faut que je prenne soin de ma santé.

Vous dites: **Il faut que nous prenions soin de notre santé.**

(Items 1–5)

D. Les élections. La candidate Julie Froissard participe à un débat électoral à la télévision. Jouez son rôle et modifiez les phrases que vous entendez en utilisant les expressions données.

MODÈLE: *Vous lisez:* On ne croit pas...

Vous entendez: Nous avons de la chance d'être français.

Vous dites: **On ne croit pas que nous ayons de la chance d'être français.**

1. Il est temps...

2. Il est important...

3. Je veux...

4. Exigez...

5. Il est essentiel...

Le subjonctif: la volonté   CD4–11

E. Les nouvelles. Pierre, étudiant à l'université de Caen, lit les nouvelles dans le journal universitaire. Son amie fait des remarques sur ce qu'il lit. Jouez le rôle de son amie en utilisant les phrases que vous entendez et les expressions données. Le présent du subjonctif va remplacer le futur ou le présent de l'indicatif dans chacune de vos phrases.

MODÈLE: *Vous lisez:* **Je ne veux pas que...**

Vous entendez: L'université va être fermée pour la visite du président de la République.

Vous dites: **Je ne veux pas que l'université soit fermée pour la visite du président de la République.**

1. J'aime bien que...

2. Son père ne désire pas que...

3. Leurs parents préfèrent que...

4. Je souhaite que...

5. J'aimerais que...

LEÇON 2

Conversation   CD4–12

En français, il existe beaucoup d'expressions pour exprimer ses émotions. Ecoutez la Conversation (manuel, **chapitre 5**, leçon 2) en prêtant attention à ces expressions.

A. L'intonation des phrases. Maintenant, écoutez et répétez les phrases suivantes. Imitez l'intonation de la phrase et les expressions qu'on utilise pour exprimer le contentement, la joie, l'inquiétude et la crainte.

1. Ah, Paul, je suis content de te voir!

2. J'ai peur qu'elle finisse par redoubler sa seconde.

3. Au fond, c'est ça qui m'inquiète peut-être encore plus que ses notes.

4. Ça m'étonne mais je suis content.

5. Qu'est-ce que vous avez de la chance!

B. La bonne réponse. Ecoutez ce que disent les personnes suivantes, et choisissez la réponse appropriée.

_____ 1. a. C'est très beau.

  b. Ouf! On a eu chaud!

  c. C'est parfait.

_____ 2. a. Ça ne me dit rien.

  b. J'en ai assez de ces histoires.

  c. Ça m'a beaucoup déçu.

_____ 3. a. Heureusement.

  b. Ça me barbe.

  c. Ça m'inquiète.

La grammaire à apprendre

Le subjonctif: l'émotion, l'opinion et le doute   CD4–13

C. Une opinion sur tout. Christine Ferrand n'hésite jamais à exprimer ses opinions. Jouez son rôle en utilisant les expressions données.

MODÈLE: *Vous lisez:* **J'ai peur que...**

    Vous entendez: Croyez-vous que la pollution soit un problème grave?

    Vous répondez: **J'ai peur que la pollution soit un problème grave.**

1. Je crains que... / ne... pas
2. Je serais heureuse que...
3. Je regrette que... / ne... pas
4. Je suis sûre que...
5. Je suis étonnée que...

L'infinitif pour éviter le subjonctif   CD4–14

D. Tout à fait d'accord. Vous entrez à l'université dans quelques jours et votre mère vous fait part de ses sentiments. Vous approuvez tout ce qu'elle dit et vous reprenez ses commentaires selon le modèle.

MODÈLE: *Vous lisez:* **Moi, aussi...**

    Vous entendez: Je suis contente que tu commences l'université la semaine prochaine.

    Vous répondez: **Moi aussi, je suis content(e) de commencer l'université la semaine prochaine.**

(Items 1–5)

L E Ç O N   3

Conversation   CD4–15

En français, il existe beaucoup d'expressions pour persuader, donner des ordres ou exprimer la nécessité ou l'obligation. Ecoutez la Conversation (manuel, **chapitre 5**, leçon 3) en prêtant attention à ces expressions.

A. L'intonation des phrases. Maintenant, écoutez et répétez les phrases suivantes. Imitez l'intonation de la phrase et les expressions qu'on utilise pour persuader, donner des ordres ou exprimer la nécessité ou l'obligation.

1. Ça ne vous tente pas?
2. Passe-moi le programme, s'il te plaît.
3. Ça ne te dit rien de regarder le match de foot?
4. Allez, sois sympa, je t'en prie.
5. Regarde le match avec nous, quoi.
6. Je vous propose un compromis.
7. Que diriez-vous d'une partie de «Scrabble»?
8. C'est toi qui vas chercher le jeu dans le placard de ma chambre.

La grammaire à apprendre

Le subjonctif: la nécessité et l'obligation   CD4–16

B. La discipline. Vous devez partir d'urgence pour une autre ville où on vous a offert un fabuleux travail. Vous ne pouvez pas emmener vos deux enfants avec vous et vous allez les laisser pour une semaine chez votre voisine. C'est une personne sévère qui ne plaisante pas avec la discipline. Elle accepte de garder vos enfants sous certaines conditions. Formulez ses exigences en utilisant les expressions et les verbes donnés.

MODÈLE: *Vous lisez:* **Il faut que... (se coucher)**

Vous entendez: Les enfants doivent se coucher à dix heures.

Vous dites: **Il faut que les enfants se couchent à dix heures.**

1. Il est essentiel que... (se taire)
2. J'insiste pour que... (faire)
3. Il est nécessaire que... (obéir)

4. Je demande que... (regarder)
5. J'empêche que... (sortir)
6. Il est essentiel que... (revenir)

Le passé du subjonctif   CD4–17

C. A l'étranger. Paul et Marie-Christine vivent en Suisse depuis un mois. Ils ont eu le temps de s'habituer un peu à leur nouvelle vie. Paul téléphone à des amis pour leur donner de leurs nouvelles. A chacune des affirmations de Paul, ses amis expriment leur approbation *(approval)*. Jouez leur rôle en suivant le modèle.

MODÈLE: *Vous lisez:* **Nous sommes heureux que...**

Vous entendez: Nous avons trouvé un appartement splendide.

Vous répondez: **Nous sommes heureux que vous ayez trouvé un appartement splendide.**

1. Nous sommes contents que...
2. Nous sommes ravis que...
3. Nous sommes enchantés que...

4. Nous sommes heureux que...
5. Nous sommes rassurés que...

Dictée   CD4–18

D. A suivre. La speakerine va vous donner un condensé *(summary)* des programmes de ce soir sur France 2. Ecrivez les phrases qui le composent. Notez que «Le commissaire Maigret» est un feuilleton policier français adapté des romans de Georges Simenon. D'abord, écoutez le passage en entier. Ensuite, chaque phrase sera lue deux fois. Enfin, le passage entier sera répété pour que vous puissiez vérifier votre travail. Ecoutez.

_____

_____

_____

_____

_____

_____

_____

_____

_____

_____

_____

_____

_____

Compréhension

Le chauffeur de taxi   CD4–19

Dans ce chapitre, vous avez appris à exprimer vos émotions. Un chauffeur de taxi a failli entrer en collision avec une autre personne qui se dit *(claims)* être commissaire de police. Vous entendez d'abord quelques échanges désagréables entre les conducteurs. Ensuite, le chauffeur de taxi parle avec sa passagère de l'accident dont ils ont failli être victimes quelques minutes auparavant. Ecoutez.

MOTS UTILES: un farfelu   *eccentric*   brûler un feu rouge   *to run a red light*
le feu   *traffic light*   minable   *hopeless, pathetic*

E. Descriptions. Complétez les phrases suivantes en indiquant les réponses qui conviennent.

_____ 1. Le chauffeur de taxi est...
   a. peureux.
   b. fâché.
   c. heureux.

_____ 2. La passagère est...
   a. étrangère.
   b. farfelue.
   c. parisienne.

_____ 3. Le chauffeur de taxi se plaint parce que (qu')...
   a. la passagère l'a insulté, le traitant de minable.
   b. il a eu une contravention.
   c. un automobiliste a brûlé le feu rouge.

_____ 4. D'après le chauffeur de taxi, la circulation à Paris...

      a. est réglée par des commissaires de police.

      b. est un véritable cauchemar.

      c. ne pose généralement pas de problèmes.

F. Une lettre. Imaginez que le passager/la passagère, c'était vous. Vous écrivez une carte à votre famille et vous racontez votre expérience dans le taxi. Complétez la carte ci-dessous, d'après le passage que vous avez entendu. Ecoutez à nouveau le passage si nécessaire.

_____ (1), le 25 juillet

Cher (Chère) _____,

Tout va bien. J'ai eu une petite expérience qui m'a fait _____ (2).

J'étais dans _____ (3) pour aller rejoindre mes amis au restaurant.

Tout d'un coup, une voiture a failli entrer en collision avec nous. Le chauffeur n'était pas du

tout _____ (4). Il a proclamé que l'autre personne n'était pas un

_____ (5) comme il le prétendait. Il insistait que l'autre personne avait

brûlé _____ (6). J'étais sûr(e) et certain(e) qu'ils allaient se battre

dans _____ (7). Je voulais continuer à pied mais j'ai décidé de rester.

Quelle ville intéressante, mais pleine de conducteurs _____ (8)! Je te

verrai dans trois semaines, j'espère!

     Je t'embrasse,

     _____

Les annonces   CD4–20

Vous partez en vacances à la plage. Vous allez faire des achats avant de partir. Considérez les produits suivants. Ecoutez les annonces.

MOTS UTILES: désaltérant(e) *thirst-quenching*   équipé(e) de *equipped with*
              les circuits touristiques *tours*   un objectif *lens*
              un coup de soleil *sunburn*   à peine *hardly, scarcely*
              un événement *event*   une pellicule *film*
              le prêt-à-photographier *ready-   un appareil *camera*
                to-photograph*

G. Les produits. Maintenant, complétez le résumé de chaque produit.

1. *Blanca:* C'est _____ qui est _____.

2. *Le Parisien:* C'est _____. Pendant les mois de juillet et août, il y aura

   _____.

   On trouvera diverses rubriques pour l'été, par exemple _____

   _____.

3. *Quick-Snap Fuji Color:* C'est _____. L'avantage du Quick-Snap Fuji

   Color, c'est _____.

   Vous pouvez mettre le Quick-Snap Fuji Color dans _____.

4. Le(s) produit(s) que vous allez emmener avec vous à la plage: _____

   _____

5. Le produit qui est le moins *(the least)* cher dans les publicités que vous avez entendues: _____

   _____

Faites attention!   CD4–21

Dans ce chapitre, vous avez appris à donner des ordres et à exprimer la nécessité. Le reportage suivant présente le problème des noyades *(drownings)* en France et propose quelques conseils préventifs.

MOTS UTILES: imparable *unstoppable*
              un gamin *kid*
              une clôture *fence*

Nom _____ Date _____

H. Complétez. Choisissez toutes les réponses qui sont correctes selon le reportage.

_____ 1. En France, les morts par noyade sont...
    a. le deuxième type de morts accidentelles chez les enfants.
    b. de plus en plus rares.
    c. un type de morts accidentelles parmi les enfants.

_____ 2. Les noyades risquent de devenir plus fréquentes parce que (qu')...
    a. on installe plus de piscines privées.
    b. plus de parents travaillent en dehors de la maison.
    c. il y a un nombre croissant de jeunes en France.

_____ 3. Si on installait..., il y aurait moins d'accidents de noyades.
    a. des barrières
    b. une alarme sonore
    c. un chien de garde

_____ 4. Ce sont surtout les enfants de... qui sont exposés à la noyade.
    a. cinq à six ans
    b. deux à trois ans
    c. un à quatre ans

EXERCICES ÉCRITS

A mon avis...

LA GRAMMAIRE À RÉVISER

Avant la première leçon

Les pronoms objets directs et indirects

A. Faisons quelque chose de nouveau. Eric cherche un nouveau travail. Identifiez la fonction des mots en italique en encrivant **D** s'il s'agit d'un objet direct ou **I** si c'est un objet indirect, puis récrivez les phrases en remplaçant ces mots par le pronom qui convient.

_____ 1. Eric n'aime pas son travail d'employé de bureau. Il trouve *son travail* débile.

_____

_____ 2. Le patron embête les employés. Il ne laisse aucune initiative *aux employés* non plus.

_____

_____ 3. L'ambiance du bureau est presque insupportable. Elle ne plaît pas du tout *à Eric*.

_____

_____ 4. Il trouve ses collègues ennuyeux. Il est difficile de supporter *ses collègues*.

_____

_____ 5. Eric en a marre, alors il prend une décision à propos de son travail. Il est nécessaire qu'il quitte *son travail*.

_____

_____ 6. Sa sœur Mélanie travaille pour la chaîne de télévision France 2. Il téléphone *à Mélanie* pour lui demander conseil.

_____

_____ 7. Mélanie dit *à son frère* qu'à France 2 on cherche un nouvel envoyé spécial pour faire des reportages sur l'Inde.

_____

_____ 8. Comme Eric parle hindi et anglais, et connaît bien l'Inde, elle convainc *Eric* d'envoyer son cur-
riculum vitae à la directrice.

_____

_____ 9. Il s'efforce d'écrire une belle lettre *à la directrice*.

_____

_____ 10. Il attend la réponse avec impatience. Quel soulagement quand il reçoit *la réponse*!

_____

_____ 11. Il vient de commencer son nouveau poste et il trouve *ce poste* génial!

_____

_____ 12. Il est ravi de pouvoir travailler pour ses nouveaux patrons et cherche à plaire *à ses patrons*.

_____

Avant la deuxième leçon

La position des pronoms objets

B. Un douanier impatient. Deux diplomates russes arrivent à Roissy, un des trois aéroports de Paris.
Aujourd'hui, le douanier est de mauvaise humeur. Récrivez les phrases ci-dessous en remplaçant les mots
en italique par les pronoms objets directs ou indirects correspondants. Attention aux accords possibles du
participe passé.

1. Avez-vous déjà montré votre passeport *à l'agent de l'Office d'immigration*?

_____

2. Complétez cette déclaration de douane. Vous n'avez pas rempli *la dernière partie.*

_____

3. Un instant, s'il vous plaît, je dois téléphoner immédiatement *à mon assistant* pour qu'il m'aide à
inspecter *tous vos bagages.*

_____

4. Ouvrez *cette grosse malle.* Comment! Vous n'avez pas votre clé? Vous avez perdu *votre clé*!

_____

5. Je voudrais inspecter toutes *les valises.*

_____

6. Ne laissez pas *tous ces sacs* sur la table.

_____

7. Monsieur, vos poches — je vous demande de vider *vos poches de manteau* tout de suite.

   _____

8. Avez-vous acheté *cette bouteille de Vodka* en Russie?

   _____

9. Monsieur, voyons, dépêchez-vous! Dites *à votre ami* de vous aider à ranger *toutes vos affaires.*

   _____

Monsieur le diplomate s'énerve...

«Monsieur, savez-vous qui je suis?! Moi, je suis Boris Rostakov, représentatif du gouvernement russe venu pour un sommet important! Vous ne pouvez pas me traiter de cette façon!»

10. Ne réalisez-vous pas *les conséquences de vos actions?*

    _____

11. Voulez-vous que je dise à votre supérieur *comment vous traitez un diplomate?*

    _____

12. Terminez *cette inquisition insupportable* immédiatement!

    _____

Nom _____ Date _____

LEÇON 1

Cap sur le vocabulaire!

A. Le journal télévisé. Vous êtes journaliste. Vous préparez le journal télévisé que vous allez présenter ce soir, mais certains mots ont disparu!

1. Choisissez-les parmi ceux qui vous sont proposés.

   candidats   attentat   votes
   pourparlers   peine de mort
   guerre   armée

2. Puis, donnez un titre à chaque rubrique.

   Politique intérieure
   Conflit qui continue
   Guerre
   Peine de mort abolie
   Campagne électorale américaine

1. La première _____ mondiale au musée de l'_____:

   dans ce musée, vous comprendrez l'importance de cette période de l'histoire qui date d'il y a plus de quatre-vingts ans. Les armes présentées reflètent le lien entre cette période et la révolution industrielle.

   Rubrique: _____

2. Le gouvernement soudanais et les rebelles ont décidé d'engager des _____

   pour mettre fin à la longue guerre civile qui les oppose.

   Rubrique: _____

3. La peine capitale au Vatican: le 22 février 2001, la nouvelle constitution du Vatican a officiellement

   aboli la _____.

   Rubrique: _____

4. En 2001, Bush et Gore étaient _____ aux élections présidentielles

   américaines. Ils ont présenté leur programme dans beaucoup de villes américaines. Ils devaient s'assurer

   qu'ils recevraient le plus grand nombre de _____ pour gagner les élections!

   Rubrique: _____

5. Et les conflits continuent... Un Palestinien conduisant un autobus a écrasé *(ran over)* des civils et des

   soldats qui attendaient le bus au sud de Tel-Aviv. Il s'agit du deuxième _____

   anti-israëlien commis par des Palestiniens depuis l'élection de M. Sharon le 6 février 2001.

   Rubrique: _____

La grammaire à apprendre

Les pronoms *y* et *en*

Grammar: Locative pronoun **y**; pronoun **en**

B. Une campagne électorale. M. Parlebien est candidat à des élections régionales. Il est interviewé par un journaliste. Donnez les réponses de M. Parlebien, un homme de peu de mots, aux questions du journaliste en remplaçant les mots en italique par le pronom **y** ou **en**.

MODÈLE: JOURNALISTE: Alors, vous avez décidé de vous présenter *aux élections régionales...*

CANDIDAT: *Oui, j'ai décidé de m'y présenter.*

1. JOURNALISTE: Vous connaissez bien la région puisque vous êtes né *en Bretagne,* n'est-ce pas?

   CANDIDAT: _____

2. JOURNALISTE: Avez-vous beaucoup *d'expérience pour négocier avec les indépendantistes bretons?*

   CANDIDAT: _____

3. JOURNALISTE: Parlerez-vous *de votre programme électoral* avec nous ce soir?

   CANDIDAT: _____

4. JOURNALISTE: Répondrez-vous *aux questions des électeurs?*

   CANDIDAT: _____

5. JOURNALISTE: Avez-vous réfléchi longuement *au problème du chômage dans la région?*

   CANDIDAT: _____

6. JOURNALISTE: Vous avez déjà dit que vous avez l'intention de visiter une quinzaine *d'entreprises régionales,* n'est-ce pas?

   CANDIDAT: _____

7. JOURNALISTE: Les organisateurs de votre campagne électorale ont-ils recruté plusieurs *étudiants* pour distribuer et afficher des tracts électoraux?

   CANDIDAT: _____

C. A vous! Vous n'êtes pas satisfait(e) des réponses du candidat. Préparez d'autres questions que vous allez lui poser vous-même. Ecrivez-les en vous servant des expressions ci-dessous et du pronom **y** ou **en.** Suivez le modèle.

avoir	s'inquiéter de	réagir à
avoir besoin de	s'intéresser à	réfléchir à
avoir peur de	parler de	renoncer à
céder à	penser à	rêver de
discuter de	penser de	tenir à

MODÈLE: la réforme de la Sécurité Sociale

Qu'en pensez-vous?

1. l'immigration

_____

2. devenir Président de la République

_____

3. la pollution

_____

4. le problème des sans-abri *(homeless)*

_____

5. les personnes qui veulent une Bretagne indépendante

_____

6. la lutte contre la toxicomanie *(drug addiction)*

_____

7. un compromis avec le Parti Socialiste

_____

8. les attentats

_____

D. Le nouveau candidat aux élections. François Leblanc veut être élu maire aux prochaines élections municipales. Il répond aux questions des électeurs et essaie de les convaincre de voter pour lui. Complétez les phrases avec un pronom direct, indirect, **y** ou **en.** Faites tous les changements nécessaires.

— Pourquoi avez-vous décidé de vous présenter? Croyez-vous que vous serez un maire efficace pour

cette ville?

— Oui, je (j') _____ (1) crois. Je pense que les habitants de cette ville demandent les réformes que je

propose. Il est grand temps de _____ (2) permettre de réaliser leurs vœux.

— Vous êtes très ambitieux; j'ai entendu dire que vous avez de nombreux projets de construction!

— Oui, c'est vrai, je (j') _____ (3) ai de nombreux. Je m'intéresse surtout à la construction d'une nou-

velle autoroute pour diminuer les embouteillages en ville.

— Pourquoi vous _____ (4) intéressez-vous? Croyez-vous que nous _____ (5) ayons un besoin

urgent?

— Oui, je (j') _____ (6) crois, vraiment. Les embouteillages sont un très gros problème.

— Et vous voulez faire agrandir le lycée technique?

— C'est exact, je veux _____ (7) faire agrandir. Le directeur se plaint qu'il n'y a pas assez de classes

pour tous les élèves. Je (J') _____ (8) ai promis de réunir les fonds pour commencer les travaux aus-

sitôt que je serai élu.

— Mais combien aurons-nous d'élèves l'année prochaine?

— Nous _____ (9) aurons environ deux mille.

— Avez-vous réfléchi à tout l'argent qu'il vous faudra pour payer ces frais?

— Oui, je (j') _____ (10) ai bien réfléchi et j'espère avoir la collaboration active des gens de la ville.

— Alors, vous allez demander aux citadins de payer plus d'impôts?

— Non, je (j') ne _____ (11) demanderai pas de payer plus d'impôts. Tant que je serai maire, je vous

promets de ne jamais _____ (12) augmenter.

LEÇON 2

Cap sur le vocabulaire!

A. Qu'en pensez-vous? Répondez aux questions en donnant votre opinion personnelle. Employez les adjectifs dans la liste ci-dessous.

chouette	génial(e)	laid(e)	remarquable
débile	honteux(-euse)	moche	spectaculaire
ennuyeux(-euse)	insupportable	passionnant(e)	super

MODÈLE: Selon vous, comment est la comédie musicale *Le fantôme de l'Opéra?*

   Elle est spectaculaire!

1. Qu'est-ce que vous pensez des tableaux de Vincent Van Gogh?

   _____

2. Que pensez-vous de la pyramide du Louvre, cette œuvre en verre?

   _____

3. Comment trouvez-vous les films de la série *La Guerre des Etoiles?*

   _____

4. Selon vous, comment est le ballet *Casse-noisettes (The Nutcracker)?*

   _____

5. Qu'est-ce que vous pensez de la musique de Metallica?

   _____

6. Est-ce que les peintures cubistes vous attirent? Pourquoi ou pourquoi pas?

   _____

7. Comment trouvez-vous la neuvième symphonie de Beethoven?

   _____

8. Selon vous, comment sont les romans de Stephen King?

   _____

9. Que pensez-vous des films avec Tom Hanks?

   _____

10. D'après-vous, quel bâtiment est-ce qu'il faut rénover sur votre campus? Comment est-ce qu'il est?

   _____

La grammaire à apprendre

La position des pronoms objets multiples

B. Une visite au Louvre. Vous servez de guide à un groupe de touristes québécois à Paris qui va visiter le musée du Louvre. Répondez à leurs questions en remplaçant les mots soulignés par des pronoms objets. Faites attention à la position des pronoms.

1. C'est aujourd'hui que nous allons visiter <u>les expositions</u> <u>au Louvre</u>?

   Oui, _____.

2. Est-il nécessaire d'apporter <u>de l'argent</u> pour entrer <u>au musée</u>?

   Non, _____.

3. A la fin de la visite, est-ce que nous devons nous réunir <u>près de la sortie</u> <u>avec nos camarades</u>?

   Oui, _____.

4. Le garde nous permettra-t-il <u>de toucher les statues</u>?

   Non, _____.

5. Pourrons-nous trouver <u>des œuvres impressionnistes</u> <u>au Louvre</u>?

   Non, _____.

6. Faut-il laisser <u>nos sacs-à-dos</u> <u>au vestiaire</u> (*checkroom*)?

   Oui, _____.

7. Est-il possible de prendre <u>des photos</u> <u>à l'intérieur du musée</u>?

   Oui, _____.

8. Aurons-nous le temps d'acheter <u>des cartes postales</u> pour envoyer <u>à nos amis</u>?

   Oui, _____.

Les pronoms disjoints

C. La pyramide. Trois des touristes québécois se détendent dans un café après leur visite guidée du Louvre. Ils discutent de la pyramide en verre qui se trouve à la nouvelle entrée du musée. Encerclez la forme correcte du pronom. Attention: il y a des pronoms sujets, des pronoms objets et des pronoms disjoints!

CÉCILE: **(1) Moi / Je / Me,** j'aime beaucoup la nouvelle entrée au Louvre. La pyramide en verre est

vraiment spectaculaire. Et **(2) vous / tu / toi,** qu'est-ce que vous en pensez?

ALAIN: **(3) Moi / Je / Me,** je **(4) la / elle / lui** trouve très laide.

CHRISTINE: **(5) Moi / Je / Me** suis d'accord avec **(6) toi / tu / te,** Alain. **(7) Il / La / Elle** est moche, cette

pyramide!

CÉCILE: **(8) Toi / Tu / Te** m'étonnes, Christine! Normalement, c'est **(9) toi / tu / te** qui aimes les

bâtiments modernes.

CHRISTINE: Ça, c'est vrai. Mais cette fois-ci, il me semble que la pyramide gâche la beauté classique de

l'extérieur du Louvre.

ALAIN: Qui a eu l'idée de faire construire la pyramide?

CHRISTINE: L'ancien président, François Mitterand. C'était **(10) le / lui / il** qui voulait un nouveau

monument à Paris. Pas mal de Français étaient moins enthousiastes que **(11) le / lui / il.**

CÉCILE: Bien sûr, Monsieur le Président n'a pas créé la pyramide **(12) eux / lui / il** -même. Ce sont

les architectes, **(13) eux / ils / les,** qui **(14) l' / lui / elle** ont dessinée.

CHRISTINE: Ecoutez, **(15) moi / je / me** vais aller acheter des cartes postales. Qui veut venir avec

(16) moi / je / me?

CÉCILE: Pas **(17) moi / je / me.**

ALAIN: **(18) Moi / Je / Me** non plus. Mais vas-y. Cécile et **(19) moi / je / toi,** nous allons rester ici

regarder les gens.

CHRISTINE: D'accord, à tout à l'heure...

Grammar: Imperative; pronouns

D. Une situation tendue. Des terroristes ont pris en otage un groupe de diplomates étrangers. Pendant cette crise, le Président, qui s'occupe des négociations, donne des ordres à ses ministres. Il se répète pour mieux se faire comprendre. Complétez sa répétition à l'impératif en employant des pronoms objets multiples ou disjoints appropriés.

MODÈLE: Amenez-moi *leur chef!*

J'ai dit: ***Amenez-le-moi!***

1. M. Duval, passez-moi *la communication des terroristes.*

   S'il vous plaît, _____!

2. Mme Chevalier, montrez *les photos de l'ambassade au général.*

   J'ai dit: _____!

3. Mme Lepain, informez-vous *de la santé des otages.*

   J'ai dit: _____!

4. M. Parlehaut, occupez-vous *des journalistes.*

   Encore une fois, _____!

5. M. Painpont, accoutumez-vous *au stress.*

   Vous m'avez entendu? _____!

6. M. Robert, ne vous préoccupez pas *de votre femme.*

   Je répète, _____!

7. S'il vous plaît, ne faites pas attention *à Monsieur le Maire.*

   D'accord? _____!

8. Tout le monde, écoutez! Ne cédons pas beaucoup *de choses aux terroristes.*

   Entendu? _____!

9. Ne laissez pas *les terroristes* passer *la frontière.*

   J'ai dit: _____!

10. M. Forêt, donnez-moi *de l'aspirine.*

    S'il vous plaît, _____!

LEÇON 3

Cap sur le vocabulaire!

A. *La Haine:* un film de Matthieu Kassovitz. Lisez l'article sur *La Haine,* un film de Matthieu Kassovitz (1995), puis répondez aux questions.

Résumé de l'histoire: Les personnages principaux sont trois amis: Saïd, un beur, Hubert, un noir et Vincent, un blanc. A la suite d'une bavure pendant une garde à vue, les policiers ont gravement blessé Abdel, un jeune banlieusard. Les habitants de son quartier manifestent violemment. Ils attaquent les policiers. Un policier perd son arme. Vinz, l'ami d'Abdel, trouve l'arme. Il veut venger Abdel. Saïd et Hubert essaient de le convaincre de ne rien faire...

La haine, c'est un sentiment qui s'empare de jeunes qui habitent une banlieue parisienne. *La Haine* a reçu la célèbre Palme d'Or au festival de Cannes. Kassovitz a été surpris par l'immense succès de son film. La critique, le grand public et les jeunes des banlieues ont tous adoré son film.

MOTS UTILES: un beur   une personne issue de la deuxième génération maghrébine en France
    une bavure   une erreur
    une garde à vue   *to be held in police custody for questioning*
    venger   *to seek revenge* (here: *to seek revenge for Abdel*)

1. Il est plus probable que le film se passe à la campagne ou en banlieue?
2. Le film se passe probablement dans un quartier riche ou dans un quartier défavorisé?
3. Pourquoi est-ce que les jeunes manifestent?
4. Quel thème principal est-ce que le film semble révéler?
   a. la violence croissante dans les banlieues
   b. les problèmes des maghrébins à Marseille
   c. les jeunes qui rouent toujours les policiers de coups
5. Le film est en noir et blanc. Quel(s) effet(s) est-ce que cela doit accroître?

B. Etes-vous optimiste, pessimiste ou indifférent(e)? Faites cet auto-test pour déterminer si vous êtes optimiste, pessimiste ou indifférent(e)/indécis(e). Indiquez la phrase qui exprime le mieux votre opinion.

_____ 1. **a.** Je trouve que le racisme disparaît aux Etats-Unis.

   b. J'ai l'impression que le racisme s'aggrave aux Etats-Unis.

   c. Ça m'est égal.

_____ 2. **a.** Il ne me semble pas que la xénophobie se répande.

   b. Sans aucun doute, la xénophobie se répandra.

   c. Au fond, je ne sais pas très bien.

_____ 3. **a.** Je crois qu'il y aura moins d'attentats terroristes.

   b. Il est probable qu'il y aura plus de terrorisme.

   c. On verra.

_____ 4. **a.** Je suis sûr(e) qu'un jour on libérera tous les otages dans le monde.

   b. Cela me semble peu probable.

   c. On verra.

_____ 5. **a.** Il me semble qu'on aura enfin la paix mondiale dans les années à venir.

   b. Il est douteux qu'on ait la paix dans les années à venir.

   c. Je ne suis pas sûr(e).

_____ 6. a. Il est peu probable que le chômage empire.

b. Il est bien probable que le chômage s'aggravera.

c. Tout cela est sans importance.

_____ 7. a. J'ai l'impression qu'on arrêtera la destruction de la couche d'ozone.

b. Il est improbable qu'on l'arrête.

c. L'environnement? Bof!

_____ 8. a. Avec le nouveau président américain, sans doute que les impôts diminueront.

b. Cela me semble peu probable.

c. Ça m'est égal.

_____ 9. a. Je crois qu'on arrivera à un compromis au sujet de l'avortement aux Etats-Unis.

b. Il est peu probable qu'on arrive à un compromis sur cette question.

c. Ça m'est égal.

_____ 10. a. Il est bien probable qu'on trouvera un vaccin contre le sida.

b. Il est douteux qu'on trouve un vaccin contre cette maladie.

c. Au fond, je ne sais pas très bien.

Résultats: Comptez les réponses «A», les réponses «B» et les réponses «C». Si la majorité de vos réponses sont «A», vous êtes optimiste. Si la majorité de vos réponses sont «B», vous êtes terriblement pessimiste. Une majorité de réponses «C» indique une personne plutôt indécise ou indifférente.

La grammaire à apprendre

Le verbe *devoir*

C. Au voleur! *(Stop thief!)* Le musée des Beaux-Arts a été cambriolé *(robbed)*. Le conservateur *(curator)* du musée parle à son assistant peu après la découverte du cambriolage. Remplissez les blancs avec la forme correcte du verbe **devoir**.

ASSISTANT: Alors, qu'est-ce qu'on *(must)* _____ (1) faire?

CONSERVATEUR: Vous *(should)* _____ (2) prendre contact avec la presse

et je *(will have to)* _____ (3) appeler la police.

ASSISTANT: Nous *(should have)* _____ (4) téléphoner à la police tout

de suite!

CONSERVATEUR: C'est de ma faute. Je *(was probably)* _____ (5) être trop

distrait!

ASSISTANT: Le garde *(must not have)* _____ (6) appeler la police non

plus parce que les policiers ne sont pas encore arrivés.

Les adjectifs et les pronoms indéfinis

D. Un danseur se trompe. Complétez le poème avec les adjectifs ou les pronoms indéfinis appropriés.

Le danseur Rudiskov n'oubliera jamais la nuit du 11 novembre...

Avant le spectacle, *(all)* _____ **(1)** les danseurs se préparaient.

(All) _____ **(2)** attendaient, très nerveux. *(Some)* _____ **(3)**

danseuses se rongeaient les ongles *(were biting their nails)*, mais pas *(all)* _____ **(4)**.

(Some) _____ **(5)** n'avaient déjà plus d'ongles *(nails)*. Mais Rudiskov était calme,

confiant.

Enfin le spectacle a commencé.

(Each) _____ **(6)** danseur est entré en scène.

Et *(each one, masc.)* _____ **(7)** a salué le public.

Rudiskov se trouvait au milieu de *(several)* _____ **(8)** ballerines.

Il dansait avec *(several)* _____ **(9)** en même temps.

(Each) _____ **(10)** danseuse a fait une pirouette.

Et *(each one, fem.)* _____ **(11)** a fait une jolie arabesque aussi.

(Everything) _____ **(12)** se passait comme d'habitude.

Mais il peut toujours arriver *(something)* _____ **(13)** d'imprévu *(unforeseen)*,

n'est-ce pas?

(Some) _____ **(14)** danseurs sont assez doués *(talented)*.

«Surtout moi» pensait Rudiskov.

(Some, masc.) _____ **(15)** sont vraiment remarquables!

«Surtout moi» pensait Rudiskov

Puis, *(all)* _____ **(16)** les danseurs se sont arrêtés pour le regarder.

Pourquoi?

Parce que Rudiskov,

normalement *(someone)* _____ **(17)** d'intelligent que tout le monde admire,

avait laissé tomber sa pauvre partenaire.

Oui, notre Rudiskov venait de faire *(something)* _____ **(18)** de bête, de vraiment

honteux...

Vous ne trouvez pas?

EXERCICES DE LABORATOIRE

PHONÉTIQUE

Les semi-voyelles [j], [w] et [ɥ]   CD5–2

Dès que les voyelles **i, y, ou** et **u** sont suivies d'une autre voyelle, leur prononciation change et elles deviennent ce qu'on appelle des *semi-voyelles*.

La semi-voyelle [j] rappelle le son de la lettre *y* dans le mot anglais *yes*, mais le son est plus tendu en français qu'en anglais. La semi-voyelle [j] est représentée par les lettres **i** ou **y** suivies d'une voyelle. Les lettres **il** et **ill** représentent aussi le son [j]. Ecoutez et répétez les mots suivants:

papier	étudiant	fille	crayon
avion	pareil	nettoyer	

Exceptions:

mille	**ville**	**tranquille**	**Lille**

A. Ecoutez les phrases suivantes et encerclez les mots qui contiennent le son [j].

1. La gentille étudiante a renversé sa bière sur le panier.

2. Il faut bien nettoyer les traits de crayon.

3. Ce premier voyage en avion a inquiété la vieille femme.

B. Maintenant, répétez les mêmes phrases pour pratiquer le son [j].

1. La gentille étudiante a renversé sa bière sur le panier.

2. Il faut bien nettoyer les traits de crayon.

3. Ce premier voyage en avion a inquiété la vieille femme.

La semi-voyelle [w] est proche du *w* anglais, mais les lèvres sont plus tendues en français. Le son [w] est représenté par les lettres **ou** et **oy** suivies d'une voyelle. Les combinaisons **oi** et **oin** représentent aussi le son [w]. Ecoutez et répétez les mots suivants:

Louis	boire	besoin	moi
oui	loyer	loin	mademoiselle

C. Ecoutez les phrases suivantes et encerclez les mots qui contiennent le son [w].

1. Louis a besoin de boire beaucoup d'eau chaque mois.

2. Voici Mademoiselle Dubois, troisième concurrente de la soirée.

3. Oui, je crois que le voyage de la semaine prochaine sera moins long.

D. Maintenant, répétez les mêmes phrases pour pratiquer le son [w].

1. Louis a besoin de boire beaucoup d'eau chaque mois.

2. Voici Mademoiselle Dubois, troisième concurrente de la soirée.

3. Oui, je crois que le voyage de la semaine prochaine sera moins long.

La semi-voyelle [ɥ] n'a pas vraiment d'équivalent en anglais. Pour reproduire ce son, essayez de prononcer [y] très rapidement avant la voyelle qui suit. L'orthographe du son [ɥ] est **u** suivi d'une voyelle. Ecoutez et répétez les mots suivants:

aujourd'**hui**   j**ui**llet   c**ui**llère   je s**ui**s   l**ui**   n**ui**t

E. Ecoutez les phrases suivantes et encerclez les mots qui contiennent le son [ɥ].

1. Aujourd'hui, c'est le huit juillet.

2. Je suis rentrée à minuit, puis j'ai parlé avec lui.

3. La poursuite a ensuite continué tard dans la nuit.

F. Maintenant, répétez les mêmes phrases pour pratiquer le son [ɥ].

1. Aujourd'hui, c'est le huit juillet.

2. Je suis rentrée à minuit, puis j'ai parlé avec lui.

3. La poursuite a ensuite continué tard dans la nuit.

LEÇON 1

Conversation   CD5–3

A. Les expressions pour faire la conversation. Maintenant, écoutez la Conversation (manuel, **chapitre 6**, leçon 1) en prêtant attention aux expressions pour engager, continuer et terminer une conversation.

B. L'intonation des phrases. Ecoutez et répétez les phrases que vous entendrez. Imitez l'intonation de la phrase.

1. Dis donc, Fabien, qu'est-ce que tu m'as dit à propos de Paul?

2. Pardon, messieurs-dames, excusez-moi de vous interrompre.

3. Je pense que c'est une très bonne cause.

4. Bon, il faut que je m'en aille.

5. Bon, alors, à tout de suite.

C. Une réponse appropriée. Ecoutez chaque phrase et choisissez entre les deux expressions données la réponse appropriée. Dites-la à haute voix.

1. Justement... / Il faut que je m'en aille.

2. Alors, on se téléphone? / Oui. On vous écoute.

3. Mais pas du tout! Qu'est-ce qu'il y a? / A la prochaine.

4. Bon, allez, au revoir. / Tout à fait.

5. J'ai besoin de te parler. / Oui, mais pas trop quand même.

La grammaire à apprendre

Les pronoms *y* et *en*   CD5–4

D. J'en ai, des soucis, moi! Souvent en français parlé, on utilise un pronom aussi bien que le nom correspondant. Le nom est placé au début de la phrase ou à la fin (comme dans l'exemple ci-dessous). On fait alors une petite pause entre le nom et le reste de la phrase. Répondez aux questions en suivant le modèle.

MODÈLE: *Vous entendez:* Tu as des soucis?

Vous répondez: **J'en ai, des soucis, moi!**

(Items 1–7)

E. Au fait... Deux amis attendent le commencement de leur cours de mathématiques. Entre-temps *(In the meantime)*, Jean-David essaie d'intéresser son amie Claire à un article de journal qu'il vient de lire. Jouez le rôle de Claire et répondez aux questions de Jean-David en utilisant le pronom **y** ou **en** et les indications données.

MODÈLE: *Vous lisez:* **Non, je... pas beaucoup**

Vous entendez: Tu as beaucoup de pages à lire avant la classe?

Vous répondez: **Non, je n'en ai pas beaucoup.**

1. Oui, je... un peu

2. Oui, je...

3. Non, je ne... pas

4. Non, mais je sais que... plusieurs

5. Oui, ils...

L E Ç O N   2

Conversation   CD5–5

A. Exprimer une opinion. Maintenant, écoutez la Conversation (manuel, **chapitre 6,** leçon 2) en prêtant attention aux expressions pour exprimer une opinion.

B. Pratiquez les expressions. Répétez ces expressions que vous avez entendues dans la Conversation.

1. Je trouve que c'est fantastique.

2. Je trouve que c'est idiot, ça!

3. Moi, je trouve ça assez chouette.

4. Mais pas du tout!

5. Moi, je ne suis pas du tout d'accord!

6. Je trouve que c'est une très mauvaise idée.

7. Je pense qu'il fallait absolument ouvrir le musée.

8. A mon avis, c'est dommage.

C. Une réponse appropriée. Ecoutez chaque phrase et choisissez entre les deux expressions données la réponse appropriée. Dites-la à haute voix.

1. Ça, c'est vrai. / Je crois qu'on devrait y aller.

2. Je le trouve assez moche. / C'est possible.

3. Tout cela est sans importance. / Vous trouvez?

4. Ce n'est pas vrai. / Moi non plus.

5. Je pense que oui. / Je suis d'accord avec toi: il est assez laid.

La grammaire à apprendre

La position des pronoms objets multiples   CD5–6

D. Vraiment? Pascal, qui adore lire le journal le matin, résume les événements du jour à sa femme, Marie, pendant qu'ils prennent le petit déjeuner. Jouez le rôle de Marie, qui reprend ce que dit Pascal sous forme d'une question exclamative. Faites attention à l'ordre des pronoms.

MODÈLE: *Vous lisez:* **Tu veux rire? Elle...**

Vous entendez: L'équipe de football de Toulon a perdu le dernier match dans son propre stade.

Vous répondez: **Tu veux rire? Elle l'y a perdu?**

1. Vraiment? Il...

2. Sérieusement? Il...

3. Sans blague? On...

4. Sans plaisanter? Il...

5. Non! Il...

Les pronoms disjoints   CD5–7

E. Qu'en pense-t-on? Parlez au nom des personnes mentionnées et donnez leur avis sur l'art impressionniste. Pour souligner *(emphasize)* à qui est l'opinion, utilisez le pronom disjoint qui correspond au nom. Suivez le modèle.

MODÈLE: *Vous lisez:* fabuleux

Vous entendez: Comment est-ce que tu trouves l'art impressionniste?

Vous répondez: **Moi, je le trouve fabuleux.**

Vous entendez la confirmation: Moi, je le trouve fabuleux.

1. très beau

2. super

3. chouette

4. passionnant

LEÇON 3

Conversation   CD5–8

A. La probabilité. Maintenant, écoutez la Conversation (manuel, **chapitre 6**, leçon 3) en prêtant attention aux expressions pour exprimer la probabilité et l'improbabilité.

B. Pratiquez les expressions. Répétez les expressions pour exprimer la probabilité trouvées dans la Conversation.

1. Il ne me semble pas que...

2. Il est probable que...

C. Autrement dit. Refaites les phrases que vous entendrez avec une expression similaire.

MODÈLE: *Vous lisez:* **Ils devraient arriver bientôt. / Il est douteux qu'ils arrivent bientôt.**
           Vous entendez: Sans doute qu'ils arriveront bientôt.
           Vous dites: **Ils devraient arriver bientôt.**

1. Ils ont dû parler de la prise des otages. / Il est improbable qu'ils aient parlé de la prise des otages.

2. Il ne me semble pas que les immigrés doivent s'assimiler. / Il est probable que les immigrés devront s'assimiler.

3. Il est peu probable que la crise se répande. / La crise a dû se répandre.

4. Il est bien probable qu'ils aimeront cette peinture. / Il est peu probable qu'ils aiment cette peinture.

La grammaire à apprendre

Le verbe *devoir*   CD5–9

D. Pour une vie meilleure. Répondez à la question avec la forme appropriée du verbe **devoir**. Attention au temps des verbes!

MODÈLE: *Vous lisez:* **éliminer les impôts**
           Vous entendez: Qu'est-ce que notre gouvernement devrait faire?
           Vous répondez: **Il devrait éliminer les impôts.**

Pour une vie meilleure...

1. aider nos voisins

2. travailler dur

3. obtenir mon diplôme

4. chercher un emploi

Pour un monde meilleur...

5. recycler

6. protéger l'environnement

7. faire plus attention à la pollution

Les adjectifs et les pronoms indéfinis   CD5–10

E. Une école expérimentale. La voisine de Mme Lechartier lui pose des questions sur l'école bilingue où elle envoie ses enfants. Jouez le rôle de Mme Lechartier et répondez aux questions de sa voisine en utilisant les mots donnés. Faites tous les changements nécessaires.

MODÈLE: *Vous lisez:* quelqu'un

   Vous entendez: Qui vous a appris l'existence de ce programme?

   Vous répondez: **Quelqu'un m'a appris l'existence de ce programme.**

1. chacun
2. ils / en / plusieurs
3. je / les / tous

4. ils / les / toutes
5. chacun

Dictée   CD5–11

F. Une permission. Isabelle a une permission à demander à son père. Elle lui téléphone à son bureau, et, comme il est absent, elle laisse un long message sur son répondeur automatique *(answering machine)*. Ecrivez son message. D'abord, écoutez le message en entier. Ensuite, chaque phrase sera lue deux fois. Enfin, tout le message sera répété pour que vous puissiez vérifier votre travail. Ecoutez.

_____

_____

_____

_____

_____

_____

_____

_____

_____

_____

_____

_____

_____

_____

Compréhension

Un bulletin d'informations *(A newsbrief)*   CD5–12

Vous allez entendre les informations de huit heures de la station de radio Europe 1. D'abord, écoutez-en les grands titres *(headlines)*.

MOTS UTILES: à nouveau   *again*   le train fou   *runaway train*
se battre   *to fight, battle*   le freinage   *braking system*
un séisme   *earthquake*   une salle   *here, movie theater*

G. Qu'est-ce qui se passe dans le monde? Dans le bulletin d'informations que vous avez entendu, le journaliste commence par donner un résumé des reportages présentés dans ce bulletin.

Encerclez les sujets qu'il mentionne.

la politique   un désastre ferroviaire *(railroad)*
le cinéma   un scandale politique
le football   la fabrication des missiles
le tennis   trois séismes
la religion   le vol d'une œuvre d'art

La politique intérieure   CD5–13

Maintenant, écoutez le reportage sur le discours *(speech)* du nouveau Premier ministre.

MOTS UTILES: dessiner   *to draw, lay out*
moindre   *less, lower*
autrement   *differently*

H. Les rêves du politicien. Quels sont les rêves de ce politicien? Choisissez la meilleure réponse pour compléter chaque phrase.

_____ 1. Il rêve de villes où il y a...
   a. moins de tensions.
   b. moins de pollution.
   c. plus d'habitants.

_____ 2. Il rêve d'une politique où...
   a. son parti est au pouvoir.
   b. tous les électeurs participent aux élections.
   c. ce qui est dit est plus important que celui qui le dit.

_____ 3. Il rêve d'un pays où...
   a. tout le monde a assez à manger.
   b. les gens communiquent entre eux.
   c. il n'y a plus de racisme.

_____ 4. Il rêve de la liberté...
   a. pour tous.
   b. qui existe toujours.
   c. *(a et b)*.

Voici maintenant un autre reportage sur la politique française.

MOTS UTILES: s'apprêter   *to be about to*   une hausse   *increase, rise*
              d'ailleurs   *besides*   repousser   *to postpone*

I. Une rumeur désagréable. Complétez chaque phrase en choisissant la bonne réponse.

_____ **1.** Dans ce reportage, il s'agit d'une augmentation proposée des prix...

  a. du gaz et de l'eau.

  b. des timbres et des cartes postales.

  c. du gaz et de l'électricité.

_____ **2.** Quel est le pourcentage de hausse proposé?

  a. $12\frac{1}{2}$

  b. 10

  c. $2\frac{1}{2}$

_____ **3.** Cette augmentation avait été repoussée à l'été à cause...

  a. des élections présidentielles.

  b. du climat d'été plus favorable.

  c. des manifestations.

Coup de téléphone   CD5–14

Dans ce chapitre, vous avez appris comment engager, continuer et terminer une conversation. Ici, Sabine est rentrée, le soir, avant Patrick, et elle reçoit un coup de téléphone de son amie. Ecoutez leur conversation.

J. Prenons des notes. Sabine veut écrire quelques notes après sa conversation avec son amie afin de se souvenir d'en parler avec Patrick. Qu'écrirait-elle? Remplissez les blancs.

1. qui a téléphoné

2. où elle veut aller

3. le jour

4. l'heure

5. quand va rappeler son amie

EXERCICES ÉCRITS

Qui vivra verra

LA GRAMMAIRE À RÉVISER

Avant la première leçon

Le futur

Un horoscope. Vous recevez ce message publicitaire qui vous offre un horoscope gratuit *(free)*. Complétez le message en choisissant un des verbes de la liste suivante. Mettez tous les verbes au futur. (N'utilisez pas le même verbe plus d'une fois.)

aller	être	recevoir
appeler	faire	savoir
avoir	falloir	se souvenir
courir	perdre	trouver
devoir	pouvoir	valoir
envoyer	profiter	voir

C'est votre semaine de chance! Notre ordinateur a choisi votre nom, parmi des

centaines, pour recevoir cet horoscope gratuit pour la semaine du 10 au 16 avril.

Amour: Une rencontre pleine de promesses! Vous _____ **(1)**

la connaissance d'une personne intéressante. Cette personne

_____ **(2)** vous comprendre et vous aimer. Il

y _____ **(3)** peut-être même des projets d'avenir à deux.

Amitié: Souvenir! Vous _____ **(4)** quelqu'un que

vous n'avez pas vu depuis longtemps. De plus, d'autres anciens amis

_____ **(5)** de vous et ils vous _____

(6) une lettre ou ils vous _____ **(7)** au téléphone.

Santé: Attention! Il _____ **(8)** être prudent. Vous

_____ **(9)** le risque de maux de gorge *(sore throat)*. Buvez

beaucoup d'eau, faites du sport et tout _____ **(10)** bien.

Argent: Patience! Vous _____ **(11)** faire attention aux achats

impulsifs. Contrôlez vos désirs et votre carte de crédit, ça

_____ **(12)** mieux.

Travail: Dommage. Vous _____ **(13)** votre poste, mais ne

vous en faites pas trop: vous ne _____ **(14)** pas longtemps au

chômage. Il faudra vous dire: «Tant mieux! J'en _____ **(15)**

pour le moment» et puis «Je _____ **(16)** un autre emploi».

Offre exceptionnelle! Pour le prix tout à fait exceptionnel de 15€, vous

_____ **(17)** découvrir votre destin des douze prochains mois.

Avec votre horoscope complet, vous _____ **(18)**

aussi une étude détaillée de votre caractère. Il suffit que vous envoyiez

un chèque de 15€ à SOS Astral, BP 13, 33333 Futura.

LEÇON 1

Cap sur le vocabulaire!

A. La vie et le travail. Salima est une jeune femme ambitieuse. Elle nous parle de son avenir dans le monde du travail. Complétez le texte suivant avec les mots ou expressions proposés. Faites les changements nécessaires.

un équilibre	l'avenir	les offres d'emploi
des entretiens	certainement	on ne m'y prendra pas!
un curriculum vitae (CV)	trouver du travail	la retraite
sûrement	changer de métier	en profiter

Dans la vie, il faut _____ **(1)**. Il est _____ **(2)** nécessaire

de travailler dur, mais il est également indispensable de (d') _____ **(3)** et de s'amuser. Je suis très optimiste au sujet de mon _____ (4). Je vais

_____ (5) devoir _____ (6) plusieurs fois pendant ma

carrière, parce que c'est la tendance actuelle. Je sais exactement quoi faire pour

_____ (7). Je regarderai _____ (8) dans le journal et je

répondrai aux annonces qui m'intéressent. J'enverrai mon _____ (9). Si tout va

bien, j'aurai _____ (10). Après une vie bien occupée à travailler, je prendrai ma

_____ (11). Mais être au chômage, _____ ! (12)

La grammaire à apprendre

L'usage du futur

B. Les métiers. Mettez les verbes entre parenthèses au temps qui convient (présent ou futur) et devinez, d'après le contexte, la future profession de ces jeunes.

MODÈLE: Chantal apprend l'anatomie, la biologie, la chimie.

Si elle (finir) _____ ses études, elle (devenir) _____.

Si elle *finit* ses études, elle *deviendra médecin.*

1. Marc est passionné par les ordinateurs.

   Si Marc (obtenir) _____ son BTS (Brevet de technicien supérieur), il

   (trouver) _____ sans difficulté un poste de (d') _____.

2. Michèle est à la faculté de droit.

   Lorsqu'elle (avoir) _____ son diplôme, elle (commencer)

   _____ une carrière de (d') _____.

3. Myriam adore les enfants.

   Si elle (réussir) _____ au concours de l'I.U.F.M. (Institut Universitaire de

   Formation des Maîtres), elle (occuper) _____ un poste de (d')

   _____.

4. Le jeune François est fasciné par les uniformes de police.

   Quand il (être) _____ grand, il (vouloir) _____

   peut-être devenir _____.

5. Isabelle apprend la dactylo *(typing)* et l'administration des enterprises.

   Aussitôt qu'elle (pouvoir) _____ , elle (chercher)

   _____ un travail de (d') _____.

6. Alain adore les chiffres, les tables de multiplication, les prévisions financières.

   S'il (étudier) _____ sérieusement, il (faire)

   _____ une carrière de _____.

C. Une visite du patron. Puisque le directeur du personnel est assez satisfait du C.V. d'un candidat, il l'embauche *(hire)*. Le nouvel employé est envoyé voir son nouveau patron qui, lui, veut mieux le connaître. Le patron lui pose donc des questions pour savoir ce qu'il fera dans les situations suivantes. Imaginez les réponses. Attention au temps du verbe (futur ou présent de l'indicatif).

1. PATRON: Si on vous donne beaucoup de responsabilités...

   EMPLOYÉ: Je (J') _____

2. PATRON: Si c'est le vendredi soir et vous avez encore beaucoup de travail...

   EMPLOYÉ: Je (J') _____

3. PATRON: Ah bon, vous resterez travailler au bureau...

   EMPLOYÉ: Oui, si (s') _____

4. PATRON: Et si vous trouvez le moyen de tricher avec les comptes *(to cheat on the accounts)*...

   EMPLOYÉ: Je (J') _____

Maintenant, c'est à l'employé de poser des questions.

5. EMPLOYÉ: Et je recevrai des promotions...

   PATRON: Oui, bien sûr, si (s') _____

6. EMPLOYÉ: Et si je suis malade? Je ne serai pas obligé de travailler quand même, j'espère.

   PATRON: Non, vous _____

7. EMPLOYÉ: Et je pourrai prendre des jours de congé quand je veux?

   PATRON: Non, sauf si (s') _____

8. EMPLOYÉ: On m'encouragera à continuer ma formation professionnelle?

   PATRON: Oui, si (s') _____

Le futur antérieur

D. Une chose puis une autre. Marquez les rapports temporels entre les deux verbes par votre choix du futur ou du futur antérieur. Ensuite, réfléchissez à votre propre vie. Est-ce quelque chose que vous diriez vous-même? Indiquez «probable» ou «peu probable» pour chaque phrase.

1. Quand je (j') (terminer) _____ mes études, je (j') (payer)

   _____ au total $50 000 en frais de scolarité.

   _____ probable   _____ peu probable

2. Aussitôt que mes amis et moi (quitter) _____ l'université/le lycée, nous

   (obtenir) _____ un poste qui nous intéresse.

   _____ probable   _____ peu probable

3. Dès que je (j') (trouver) _____ la personne de mes rêves, je (j') (se marier)

   _____.

   _____ probable   _____ peu probable

4. Après que mes parents (prendre) _____ leur retraite, ils (avoir)

   _____ plus de temps libre.

   _____ probable   _____ peu probable

5. Après que vous (gagner) _____ à la loterie, votre vie (s'améliorer)

   _____.

   _____ probable   _____ peu probable

6. Lorsque tu (s'installer) _____ dans ton propre appartement, tu (se sentir)

   _____ moins stressée.

   _____ probable   _____ peu probable

E. D'ici... ans. (. . . years from now.) Vous aurez bientôt terminé vos études et vous et vos amis avez décidé de faire des prédictions pour l'avenir que vous regarderez ensemble quand vous serez beaucoup plus âgés. A ce moment-là, vous verrez si votre vie s'est déroulée comme prévue. Notez vos prédictions personnelles pour les périodes de temps indiquées; qu'est-ce qui se sera passé avant la fin de chaque période? Utilisez le futur antérieur.

Voici quelques suggestions:

m'accoutumer à la vie
acheter une maison
aller à l'étranger
changer de métier
commencer à porter
  des lunettes
connaître beaucoup
  de monde
devenir chauve
divorcer
être candidat(e) à un
  jeu télévisé

en profiter
faire la connaissance de
  mon/ma futur(e)
  partenaire à vie
me fiancer
me marier
prendre ma retraite
renoncer à devenir
  président(e)
réussir dans la vie
se revoir
trouver un métier d'avenir

MODÈLES: — D'ici 5 ans, *je ne me serai pas encore marié(e)*.

                 — D'ici 20 ans, *j'aurai acheté une maison*.

1. D'ici 3 ans: _____

2. D'ici 5 ans: _____

3. D'ici 10 ans: _____

4. D'ici 15 ans: _____

5. D'ici 20 ans: _____

6. D'ici 25 ans: _____

7. D'ici 40 ans: _____

8. D'ici 50 ans: _____

LEÇON 2

Cap sur le vocabulaire!

A. A ta place je ferais... En vous servant des *Expressions typiques pour* conseiller et suggérer et des *Mots et expressions utiles* pour parler du logement et de la banque (manuel, **chapitre 7**, leçon 2), donnez des conseils à vos amis basés sur ce qu'ils vous disent.

MODÈLE: — Je n'ai pas beaucoup d'argent. Toutefois *(However)*, je ne veux pas habiter dans une résidence universitaire.

— *Moi, à ta place, je prendrais un studio.*

1. Je déteste faire le ménage!

   _____

2. J'ai horreur d'habiter dans un quartier bruyant!

   _____

3. Je préférerais habiter un vieil appartement, mais un qui a les conforts d'un logement assez moderne quand même.

   _____

4. Je ne sais pas quelles sont les charges pour cet appartement-là. A qui est-ce que je devrais en parler?

   _____

5. Je n'ai pas assez d'argent pour acheter un appartement. Y a-t-il une autre solution?

   _____

6. Quelle sorte de quartier est-ce que je devrais éviter?

   _____

7. Je n'ai plus envie d'habiter chez mes parents et je pense chercher un appartement. Tu peux me dire quelles qualités sont souhaitables dans un appartement?

   _____

   _____

8. Zut! Il est 20 heures et je n'ai pas assez d'argent pour aller au ciné ce soir!

   _____

9. Je viens de vendre ma voiture et on m'a payé en espèces.

   _____

10. Mon frère veut m'emprunter de l'argent. J'hésite...

_____

11. J'ai besoin d'aller au supermarché mais je n'ai pas assez de liquide *(cash)* sur moi.

_____

B. Le Crédit Lyonnais. Voici une série de publicités pour le Crédit Lyonnais qu'on peut voir dans leur vitrine. En vous servant du vocabulaire suivant, remplissez les blancs avec le(s) mot(s) approprié(s). Faites tous les changements nécessaires.

le carnet de chèques   l'intérêt
la carte électronique   le livret d'épargne
changer de l'argent   ouvrir un compte
le compte chèques   le prêt
un compte en banque   prêter
emprunter   retirer de l'argent
encaisser un chèque   le taux d'intérêt

1.

> **Notre** _____
>
> _____
>
> **7%**
>
> **Laissez votre argent travailler**
>
> **pour VOUS!**

2.

> _____
>
> **un compte**
>
> **au Crédit Lyonnais**
>
> **AUJOURD'HUI!**

3.

> **Dollars américains – yen**
>
> **Ici, on**
>
> _____
>
> _____
>
> **Dollars canadiens**

4.

> **Une nouvelle maison?**
>
> **Une voiture neuve?**
>
> **Nos** _____
>
> **sont à 11%**

5.

Ouvrez un _____

_____

pour votre enfant

dès aujourd'hui

6.

Avec une carte

_____

vous pouvez

_____

l'argent 24 heures sur 24

La grammaire à apprendre

Les phrases conditionnelles

C. La loterie. Si vous gagniez 10 millions de dollars à la loterie, que feriez-vous? Que feraient votre famille et vos amis? Inspirez-vous de la liste suivante.

acheter une maison en verre
m'acheter une voiture
avoir besoin d'un comptable
avoir besoin d'emprunter
  de l'argent
avoir un bel avenir
avoir un yacht privé
continuer à travailler
me demander de l'argent

déposer tout l'argent à
  la banque
distribuer l'argent
m'enfermer chez moi
en profiter
ne rien faire
prendre aussitôt ma retraite
prêter de l'argent à mes amis
vouloir partager l'argent

Si je gagnais à la loterie,...

MODÈLE: Moi, je *ne continuerais pas à travailler.*

1. Moi, je _____

2. Mes amis _____

3. Mes parents _____

4. Des organisations bénévoles _____

5. Moi, je _____

6. Moi, je _____

7. Ma famille et moi, nous _____

8. Mes amis et moi, nous _____

9. Mon frère/Ma sœur _____

10. Moi, je _____

D. Normalement, je... / A l'avenir je... / Si c'était le cas, je... Selon le sens de la phrase et la structure grammaticale, dites ce que vous faites normalement dans les situations suivantes (mettez le verbe au présent de l'indicatif), ce que vous ferez à l'avenir (mettez le verbe au futur) ou ce que vous feriez éventuellement (mettez le verbe au conditionnel). Choisissez un des verbes proposés. Vous pouvez mettre la phrase au négatif si vous voulez.

1. Si je n'aime pas mon/ma propriétaire,... (changer d'appartement / le lui dire)

   _____

   _____

2. Si je vois une offre d'emploi qui m'intéresse,... (téléphoner tout de suite / leur envoyer mon C.V.)

   _____

   _____

3. Si je n'ai pas assez d'argent pour acheter quelque chose que je veux,... (en emprunter à mes parents / payer par carte de crédit)

   _____

   _____

4. Si j'étais au chômage,... (chercher du travail / partir en vacances)

   _____

   _____

5. Si je travaille bien à l'université, ... (avoir un bel avenir / gagner beaucoup d'argent)

   _____

   _____

6. Si je n'ai pas assez de liquide,... (encaisser un chèque / retirer de l'argent / payer par carte de crédit)

   _____

   _____

7. Si je n'avais pas de travail après l'université,... (m'enfermer chez moi / en profiter)

   _____

   _____

8. Si je n'aime pas mon travail,... (changer de métier / souffrir en silence)

   _____

   _____

9. Si mon traitement mensuel n'était pas suffisant,... (demander une promotion à mon patron / trouver un autre emploi)

_____

_____

10. Si je peux faire ce que je veux,... (devenir médecin, avocat[e], informaticien[ne], etc.)

_____

_____

11. Si j'avais besoin de choisir entre un appartement neuf mais laid et un vieil appartement très beau,... (prendre l'appartement neuf / prendre le vieil appartement)

_____

_____

12. Si je voulais acheter une maison,... (aller voir un agent immobilier / regarder les petites annonces dans le journal)

_____

_____

LEÇON 3

Cap sur le vocabulaire!

A. Les conditions de travail. Qu'est-ce qui est le plus important à votre avis? Regardez la liste suivante et numérotez chaque élément (1 = le plus important; 10 = le moins important) pour indiquer votre opinion.

_____ avoir une bonne assurance-maladie		_____ avoir un horaire flexible
_____ recevoir des augmentations de salaire		_____ avoir des collègues motivés
_____ avoir un joli bureau		_____ avoir une bonne pension de retraite
_____ avoir un(e) patron(ne) élégant(e)		_____ avoir un bon salaire
_____ avoir beaucoup de congés payés		_____ avoir la sécurité de l'emploi

Nom _____   Date _____

Phrases: Expressing intention
Vocabulary: Working conditions
Grammar: Conditional; impersonal **il** +
    adjective

B. A vous! Choisissez maintenant trois des éléments de l'exercice A et dites pourquoi chaque élément vous est important ou pourquoi il ne l'est pas.

MODÈLE: Condition: *recevoir des augmentations de salaire*

    Explication: *Je voudrais gagner beaucoup d'argent. Il est donc important que je continue à recevoir des augmentations de salaire.*

1. Condition: _____

    Explication: _____

    _____

2. Condition: _____

    Explication: _____

    _____

3. Condition: _____

    Explication: _____

    _____

C. Faire des concessions. Choisissez le mot ou l'expression approprié(e) pour chaque blanc. Faites attention au sens des expressions aussi bien qu'à la structure grammaticale de la phrase.

_____ 1. _____, ce poste avait beaucoup d'avantages. Ce n'est que plus tard que Paul s'est rendu compte des énormes inconvénients.

    a. Cependant   **b.** A première vue   **c.** Tout de même

_____ 2. L'économie allait de mal en pire. _____, le Président restait optimiste.

    a. Néanmoins   **b.** En fin de compte   **c.** Quoique

_____ 3. _____ l'aide de la Sécurité sociale, Michel a quand même dû payer une partie de ses frais médicaux.

    a. En dépit de   **b.** Pourtant   **c.** Avec

_____ 4. Personne n'aime payer les impôts. _____, il faut le faire.

    a. A première vue   **b.** Bien que   **c.** Tout de même

_____ 5. Les ouvriers d'aujourd'hui se plaignent toujours et font la grève assez souvent. Mais, _____, les conditions de travail se sont beaucoup améliorées pour la plupart des Français depuis 50 ans.

    a. quoique   **b.** bien que   **c.** malgré cela

_____ 6. Dans notre ville, ils ont ouvert un restaurant du cœur. _____, beaucoup de personnes ici n'ont toujours pas assez à manger.

    a. En dépit de   **b.** Pourtant   **c.** En fin de compte

La grammaire à apprendre

Le subjonctif après les conjonctions

D. Ma vie professionnelle. Mettez le verbe entre parenthèses au subjonctif, à l'indicatif ou à l'infinitif selon le cas.

1. J'aime beaucoup mon travail bien que l'horaire (être) _____ fatigant.

2. J'ai de bons rapports avec mes collègues quoiqu'il y (avoir) _____ de petites

    jalousies de temps en temps.

3. Mon chef me donnera une augmentation de salaire à

    condition que mon rayon (faire)

    _____ un bon chiffre d'affaires.

4. Je travaillerai dur parce que je (vouloir)

    _____ avoir une promotion.

Marc du Réau

FIRST'ON

DRESSING

«*Un signe d'Elégance et de Raffinement*»

40, RUE DE LA PAIX 53000 LAVAL. 02 43 56 92 03

5. On a dû baisser les prix de crainte que la concurrence ne nous (prendre) _____

    des clients.

6. Tous les jeudis on organise des défilés de mode pour (attirer) _____ la clientèle.

7. Dès que les touristes (savoir) _____ combien nos prix sont compétitifs, ils

    achètent beaucoup d'articles.

8. Je vais prendre mes vacances avant que ma collègue n'(avoir) _____ son bébé.

9. J'aimerais prendre des vacances en juin à moins que mon mari ne (pouvoir) _____

    pas partir aux mêmes dates que moi.

10. L'année prochaine, je compte suivre des cours du soir afin de (devenir) _____

    acheteuse dans une grande entreprise.

E. Les petites annonces. En lisant les petites annonces, cinq jeunes Français trouvent une offre d'emploi qui les intéresse. Pour retrouver ce qu'ils pensent, liez les phrases en choisissant une des conjonctions suivantes: **bien que, quoique, à moins que, sans que, à condition que, pourvu que, pour que, afin que, de peur que, jusqu'à ce que, en attendant que.**

Bénédicte:

Pour Salon Paris
du 12 au 16 février,
Claude Valérie
recrute mannequins
professionnels.
Taille 38 femmes.
Tél. pour R.V.
04.94.27.34.42.

1. Je vais prendre rendez-vous. Je ne suis pas vraiment une professionnelle.

_____

_____

2. Pour le rendez-vous, je m'habillerai de façon très chic et je me maquillerai avec soin. La personne qui recrute sera favorablement impressionnée.

_____

_____

Marc:

Pâtissier pour Libreville
(Gabon), références exigées.
Tél. 04.93.65.04.77
ou écrire 112, avenue des
Alouettes, 06410 Biot.

3. J'irais bien travailler au Gabon. Le salaire en vaut la peine.

_____

_____

4. Je vais écrire à mes employeurs précédents. Ils envoient des références de travail.

_____

_____

Benoît:

URGENT
Recherchons aide-comptable confirmé(e), mi-temps. Poste Cagnes-sur-Mer. Tél. 04.93.20.70.76, pour rendez-vous.

5. Un emploi d'aide-comptable à mi-temps serait idéal. J'obtiens mon diplôme d'expert-comptable.

_____

_____

6. Je vais téléphoner immédiatement. Quelqu'un d'autre prend rendez-vous avant moi.

_____

_____

Isabelle:

RANDSTAD TRAVAIL TEMPORAIRE
recrute sténodactylo bilingue. Se présenter avec certificats de travail 33, rue Hôtel-des-Postes, Nice.

7. J'ai de bonnes chances d'obtenir ce poste. L'employeur exige un niveau d'anglais très élevé.

_____

_____

8. Je ferai du travail temporaire. Je trouve un emploi permanent.

_____

_____

Francis:

> Recherchons serveur(se)
> tous les jours, de
> 12h à 14h30. Se
> présenter de 14h15 à 17h:
> Marius, port Saint-
> Laurent-du-Var.

9. Je vais me présenter à ce poste de serveur. Le port de Saint-Laurent-du-Var est loin de chez moi.

_____

_____

10. Je serai intéressé par le boulot. Le restaurant a une bonne clientèle.

_____

_____

EXERCICES DE LABORATOIRE

PHONÉTIQUE

Le [r] français   CD5–15

Le [r] français se prononce très en arrière de la bouche, pratiquement dans la gorge.

A. Écoutez les mots suivants en vous concentrant sur la prononciation du [r] dans les différentes positions d'un mot; puis répétez-les à votre tour.

au début du mot:

| retraite | réussite | remplir | rénové | retirer |

à la fin du mot:

| avenir | employeur | infirmière | horaire | salaire |

après une consonne:

| prendre | promotion | malgré | crédit | emprunter |

entre deux voyelles:

| irai | aurait | seront | sauras | ferais |

B. Maintenant, écoutez les phrases suivantes avant de les répéter.

1. Je viendrai mardi soir, c'est promis!
2. Vous pourriez en parler à la locataire.
3. Croyez-moi! Cette infirmière aura un autre horaire la semaine prochaine!
4. Lorsque tu arriveras, tous les autres seront déjà partis.

Les liaisons interdites   CD5–16

La liaison doit absolument être évitée entre certains mots. Examinez les cas présentés ci-dessous. (Voir la suite au **chapitre 8.**)

On ne fait pas la liaison entre:

- un nom propre + un mot commençant par un son vocalique:

  Exemples: Bertrand / est grand.   Denis / et Virginie

- la conjonction **et** + un mot commençant par un son vocalique:

  Exemples: Jacques et / Alice   un frère et / une sœur

  Notez particulièrement un nom pluriel + un verbe commençant par un son vocalique:

  Exemples: Mes sœurs / habitent seules.   Mes parents / ont peur pour elles.

- un nom se terminant par une consonne + un mot commençant par un son vocalique:

  Exemple: Ce garçon / aime manger.

C. Ecoutez les groupes de mots suivants. Répétez-les en prenant soin de ne pas faire de liaison interdite.

un monsieur agréable	Georges et Annie
deux chevaux énervés	un croissant et un café
Charles a peur.	Les portes ouvrent mal.

D. Maintenant, écoutez et répétez les phrases suivantes.

1. Albert a pris un croissant et un lait au miel.
2. Bertrand et Georges habitent chez leurs amis.
3. Les animaux approchent et ils leur donnent à manger.
4. Un étudiant intelligent apprendra et inventera plus.
5. Ces gens ont appris que leurs amis avaient attendu longtemps.
6. Marc et Eric arrivent avec des valises assurées.

LEÇON 1

Conversation   CD5–17

A. Dire ce qu'on va faire. Maintenant, écoutez la Conversation (manuel, **chapitre 7**, leçon 1) en prêtant attention aux expressions pour parler de ce qu'on va faire.

B. Répétez les phrases. Ecoutez et répétez ces phrases tirées de la conversation.

1. Lorsque je terminerai ma formation, j'aurai fait sept années d'études.
2. Il me semble que j'aurai plus de temps libre.
3. Je verrai...
4. Nous allons au cinéma ce soir?

C. Une réponse appropriée. Ecoutez chaque mini-conversation et choisissez entre les deux expressions données la réponse appropriée. Dites-la à haute voix.

1. On ne m'empêchera pas d'y aller. / On ne m'y prendra pas!
2. Je vais certainement y aller. / Je ne suis pas sûr(e).
3. On ne m'empêchera pas d'y aller. / Je n'ai vraiment pas envie d'y aller.
4. Ça m'étonnerait que je change d'appartement. / Je vais certainement changer d'appartement.
5. J'aimerais aller au bord de la mer. / J'espère rester ici ce week-end.

La grammaire à apprendre

L'usage du futur   CD5–18

D. Quand tu auras 18 ans. Vous êtes majeur(e) *(of age)* mais votre frère ou sœur ne l'est pas. Vous lui racontez ce que vous pouvez faire maintenant que vous êtes majeur(e) mais vous le/la rassurez qu'il/elle pourra faire les mêmes choses un jour aussi.

MODÈLE: *Vous entendez:* Tu sors tous les soirs?

Vous répondez: **Oui, et quand tu auras 18 ans, tu sortiras tous les soirs aussi.**

Vous entendez la confirmation: Oui, et quand tu auras 18 ans, tu sortiras tous les soirs aussi.

(Items 1–6)

E. Je ne m'en ferai pas! Vous et un ami, vous parlez de l'avenir. Votre ami est pessimiste tandis que vous êtes plutôt optimiste. Répondez à ses questions d'après le modèle et en utilisant les éléments donnés ci-dessous.

MODÈLE: *Vous lisez:* **ne pas m'en faire**

Vous entendez: Si tu n'as pas d'entretiens?

Vous répondez: **Si je n'ai pas d'entretiens, je ne m'en ferai pas!**

Vous entendez la confirmation: Si je n'ai pas d'entretiens, je ne m'en ferai pas!

1. les repasser en automne
2. en trouver un autre
3. changer de métier
4. arrêter de travailler
5. avoir l'allocation de chômage

Le futur antérieur   CD5–19

F. La diseuse de bonne aventure. Vous êtes diseur (diseuse) de bonne aventure *(fortune teller)*. Une jeune femme vient vous voir pour apprendre ce qui lui arrivera à l'avenir. Vous répondez à toutes ses questions à l'affirmatif mais, en même temps, vous la prévenez de ce qui devra avoir lieu avant qu'elle ne voie la réalisation de ses rêves.

MODÈLE: *Vous lisez:* **travailler dur**

Vous entendez: Est-ce que je deviendrai riche?

Vous répondez: **Oui, mais avant de devenir riche, vous aurez travaillé dur.**

1. changer de métier plusieurs fois
2. être longtemps au chômage
3. s'isoler dans son ambition
4. aller autour du monde
5. habiter une petite maison moche
6. se passer longtemps de l'amour
7. être malheureuse

LEÇON 2

Conversation   CD6–2

A. Hypothèses et suggestions. Maintenant, écoutez la Conversation (manuel, **chapitre 7**, leçon 2) en prêtant attention aux expressions pour faire une hypothèse, conseiller, suggérer et avertir.

B. Répétez les phrases. Ecoutez et répétez ces phrases tirées de la conversation.

1. Si j'étais toi, je chercherais plutôt une chambre.

2. Mais pourquoi ne pas vivre entre étudiants?

3. J'ai une idée.

4. Tu pourrais aller à l'église américaine.

5. Je te conseille vraiment d'y aller.

6. Tu as pensé aussi à aller à la bibliothèque?

7. Tu ferais mieux peut-être d'habiter une chambre à la Cité-U.

8. Tiens! Ce sont de très bonnes idées!

La grammaire à apprendre

Les phrases conditionnelles   CD6–3

C. Si je vivais à Paris. Que feriez-vous si vous aviez la chance de vivre à Paris pendant un an? Craig a tout prévu pour une pareille éventualité. Aidez-le à formuler ses réponses en suivant le modèle et en utilisant les éléments donnés.

MODÈLE: *Vous lisez:* **sur les Champs-Elysées**
           Vous entendez: Où est-ce que tu habiterais?
           Vous répondez: **Si je vivais à Paris, j'habiterais sur les Champs-Elysées.**

1. dans les meilleurs restaurants

2. tous les soirs

3. à trois heures du matin

4. aux Galeries Lafayette

5. à Notre-Dame

6. des taxis

D. Les vacances. Les Marchand se disputent toujours quand il s'agit des vacances. Jouez les rôles des différents membres de la famille en répondant aux questions suivantes. Employez le conditionnel et les expressions données.

MODÈLE: *Vous lisez:* **louer une villa au bord de la mer**

Vous entendez: Martine, si tu avais le choix, qu'est-ce que tu ferais?

Vous répondez: **Si j'avais le choix, je louerais une villa au bord de la mer.**

1. skier dans les Alpes
2. aller à l'étranger
3. descendre dans un hôtel de luxe
4. apprendre à faire du ski nautique
5. beaucoup se reposer
6. faire du camping dans les Pyrénées

L E Ç O N 3

Conversation CD6–4

A. Faire des concessions. Maintenant, écoutez la Conversation (manuel, **chapitre 7, leçon 3**) en prêtant attention aux expressions pour faire des concessions.

B. Répétez les phrases. Ecoutez et répétez ces phrases tirées de la conversation.

1. Mais les gens ne vont quand même pas te refuser les soins élémentaires.
2. C'est quand même incroyable que...
3. ... malgré toutes les richesses des Etats-Unis...
4. ... tout le monde n'ait pas accès à une assurance-maladie minimale.
5. Les Etats-Unis, c'est tout de même un pays...
6. qui a extrêmement peur...
7. de tout ce qui est socialiste.

C. Compréhension orale. Vous entendrez une phrase avec une conjonction. Regardez les deux conjonctions données. Puis, refaites la phrase en substituant la conjonction que vous avez entendue par la conjonction qui a à peu près le même sens. Vous entendrez la confirmation après.

1. Nous ferons des investissements _____ l'économie s'améliore. (jusqu'à ce que / à condition que)
2. Le chef de bureau parlera aux employés _____ les motiver. (en attendant de / pour)
3. Nous baisserons les prix _____ la concurrence ne nous prenne des clients. (de crainte que / à moins que)
4. On a construit un restaurant du cœur _____ les sans-abri dans notre ville puissent avoir de quoi manger. (à moins que / afin que)
5. _____ le président reste optimiste, l'économie va de mal en pire. (Sans que / Bien que)

La grammaire à apprendre

Le subjonctif après les conjonctions   CD6–5

D. En voyage. Christiane et Pierre ont prévu un voyage d'une semaine en Touraine mais ils ont des problèmes. Formulez les plans qu'ils élaborent pour remédier à ces problèmes en utilisant le subjonctif après les conjonctions données.

MODÈLE: *Vous lisez:* **Je toucherai un chèque s'il y a de l'argent sur mon compte.**

Vous entendez: à moins que

Vous dites: **Je toucherai un chèque à moins qu'il n'y ait pas d'argent sur mon compte.**

1.   Nous partirons si la banque me donne un prêt.

2.   Nous arriverons demain soir si je peux quitter mon travail tôt.

3.   Nous nous amuserons même si nous n'avons plus beaucoup d'argent.

4.   Nous prendrons la voiture même si ça coûte plus cher.

5.   Je ne partirai pas ce week-end si ma santé ne s'améliore pas.

Dictée   CD6–6

E. Un avenir incertain. Les étudiants français doivent réfléchir très tôt à leur avenir. Ecoutez Patrick, jeune lycéen de dix-sept ans, et écrivez ce qu'il dit. D'abord, écoutez ce qu'il dit en entier. Ensuite, chaque phrase sera lue deux fois. Enfin, le passage entier sera répété pour que vous puissiez vérifier votre travail. Ecoutez.

_____

_____

_____

_____

_____

_____

_____

_____

_____

_____

_____

_____

_____

_____

Compréhension

Travailler pour une société américaine   CD6–7

Dans ce chapitre, vous avez appris à parler de la carrière et de la vie économique. Vous allez entendre une interview avec un homme qui travaille pour une compagnie américaine très connue. Vous devez le présenter à quelqu'un après l'interview. Ecoutez l'interview pour en apprendre le plus possible sur cet homme et sa compagnie.

MOTS UTILES: une filiale   *subsidiary*
les territoires d'outre-mer   *overseas territories*

F. Feuille à remplir. Remplissez la feuille de renseignements ci-dessous concernant la personne qui vient d'être interviewée. Encerclez toutes les réponses correctes.

Nom:	Bonny	Bonnet	Bonna	
Nationalité:	italienne	américaine	française	
Profession:	chef d'entreprise	cadre financier	ingénieur	
Compagnie:	Fila	Nike	Adidas	
Produits fabriqués:	chaussures	nourriture	bonbons	
Endroits desservis:	la Guadeloupe	la Réunion	la Martinique	le Sénégal
Nombre d'employés:	150	105	115	
Ses responsabilités:	comptabilité	gestion	immobilier	informatique	transports

La garde des enfants   CD6–8

Ce chapitre a abordé le sujet des carrières professionnelles. Maintenant, Sophie, une amie française, vous décrit les problèmes des femmes qui travaillent et de la garde de leurs enfants. Ecoutez ce qu'elle dit.

MOTS UTILES: une garderie   *day nursery in a school, factory, etc.*
travailler à plein temps   *to work full-time*
travailler à mi-temps   *to work part-time*
une crèche   *day nursery*
mettre en nourrice   *to put a child in care of a nanny*
un revenu   *income*

G. Avez-vous bien compris? Pour vérifier si vous avez compris votre amie, indiquez si les affirmations suivantes sont vraies (V) ou fausses (F). Modifiez les phrases incorrectes.

_____ 1. La garderie à l'école commence à huit heures du matin.

_____ 2. Sophie a mis son enfant à l'école à l'âge de deux ans.

_____ 3. Elle pense que le système de nourrices est une très bonne idée.

_____ 4. Sophie n'aime pas les conditions existant dans les crèches.

_____ 5. Sophie travaille à mi-temps dans la profession médicale.

_____ 6. D'après Sophie, les nourrices n'aiment pas s'occuper des enfants du lundi au vendredi.

_____ 7. Il faut que les écoles prennent les enfants à l'âge de trois ans.

_____ 8. Sophie a résolu son problème en faisant venir chez elle sa mère et une femme de ménage qui s'occupent de son enfant pendant qu'elle travaille.

EXERCICES ÉCRITS

La vie n'est jamais facile

CHAPITRE 8

LA GRAMMAIRE À RÉVISER

Avant la première leçon

L'expression négative de base: *ne... pas*

A. Il n'est jamais d'accord. Christophe est un étudiant de Bordeaux en stage à Paris. Il n'a pas l'air d'aimer cette ville. Répondez négativement aux questions qu'on lui pose.

1. Vous êtes de Paris?

   Non, _____.

2. Connaissez-vous le Quartier latin?

   Non, _____.

3. Avez-vous des amis à Paris?

   Non, _____.

4. Est-ce que les Parisiens ont été gentils avec vous?

   Non, _____.

5. Avez-vous visité des musées d'art? (Utilisez un pronom dans votre réponse.)

   Non, _____

   _____.

6. Est-ce que vos camarades de classe vous ont emmené au restaurant? (Utilisez un pronom dans votre réponse.)

   Non, _____

   _____.

7. N'aimez-vous pas vous asseoir à la terrasse des cafés?

Non, _____.

8. Avez-vous décidé de rester à Paris? (Faites la négation de l'infinitif.)

Non, _____.

B. Il ne comprend jamais rien. Georges comprend difficilement les activités et les projets de ses amis. Ecrivez ses questions avec le négatif du verbe en suivant le modèle.

MODÈLE: *Tu n'as pas fermé la porte?*

Si, j'ai fermé la porte.

1. _____

Si, nous t'avons attendu à la sortie du travail.

2. _____

Si, nous étions à l'heure.

3. _____

Si, nous allons manger ici.

4. _____

Si, Philippe nous a préparé un bon repas.

C. La vie n'est pas facile. Janine doit garder des enfants plusieurs soirs par semaine pour se faire un peu d'argent de poche. Ecrivez les ordres qu'elle leur donne pour qu'ils restent tranquilles. Formulez chaque ordre de deux façons différentes.

MODÈLE: Tu touches aux boutons de la télévision.

Ne touche pas aux boutons de la télévision.

Je te dis de ne pas toucher aux boutons de la télévision.

1. Tu grimpes *(climb)* sur la table.

_____

_____

2. Tu déchires *(tear)* mon journal.

_____

_____

3. Ton frère et toi, vous vous disputez.

_____

_____

4. Vous parlez trop fort.

_____

_____

Avant la troisième leçon

Les pronoms relatifs: *qui* et *que*

D. Le patron observe le service. Kwame est le patron d'un restaurant parisien. Il fait des observations sur ses clients au serveur. Reliez ses phrases avec le pronom relatif **qui** ou **que**.

MODÈLE: Ce monsieur est directeur du Crédit Agricole. Il vous a laissé un très bon pourboire.

Ce monsieur qui vous a laissé un très bon pourboire est directeur du Crédit Agricole.

1. Voilà le plat du jour. La dame en noir a commandé le plat du jour.

_____

_____

2. Ces deux femmes sont de très bonnes clientes. Elles ont commandé une jambalaya.

_____

_____

3. Je connais l'homme au chapeau melon. Il a refusé son bifteck parce qu'il n'était pas assez cuit.

_____

_____

4. La salade est très bonne. Vous lui avez recommandé cette salade.

_____

_____

5. Le petit garçon n'arrête pas de pleurer. Il dérange le jeune couple à la table d'à côté.

_____

_____

6. L'omelette norvégienne est un dessert succulent. Tous les clients adorent ce dessert.

_____

_____

E. La femme de ma vie. Patrick décrit à ses parents une jeune fille qu'il a rencontrée. Complétez sa description avec le pronom relatif **qui** ou **que**.

J'ai fait la connaissance d'une jeune fille _____ (1) j'aimerais bien vous présenter. Je l'ai rencontrée pendant le stage _____ (2) j'ai fait à la banque. Elle s'appelle Fleur... Je la trouve jolie et elle a une personnalité _____ (3) me plaît beaucoup. C'est une fille super dynamique _____ (4) fait des études de sciences économiques et _____ (5) a beaucoup d'ambition. C'est la femme de ma vie, je crois! Les filles _____ (6) j'ai rencontrées jusqu'ici n'avaient pas du tout les mêmes goûts que moi. Avec Fleur, on s'entend bien; on est d'accord sur le style de vie _____ (7) on veut avoir, sur les sorties _____ (8) nous intéressent... Bref, je crois que j'ai trouvé la personne _____ (9) je veux épouser et _____ (10) me rendra heureux!

LEÇON 1

Cap sur le vocabulaire!

A. Mots croisés.

Horizontalement

3. On a appelé de chez le dentiste pour _____ votre rendez-vous.
4. Quelle horreur! Il a _____ aujourd'hui, et j'avais oublié mon parapluie.
6. Paul! L'électricien est là pour _____ la chaîne stéréo.
11. Il n'est jamais content de ce qu'il achète. Il demande constamment des _____.
12. J'ai besoin d'essence. Savez-vous où je peux trouver une station-_____?
13. Excusez-moi, je suis tombé en _____. Je crois que c'est la batterie.
15. Tu ne peux pas me joindre. Notre téléphone ne _____ pas.
16. Non, il n'y a pas de frais de livraison *(delivery)*. C'est _____.
17. Idiot! Tu as mis la glace dans le _____ au lieu de la mettre dans le congélateur!
18. Encore du travail! C'est impossible! Nous n'en _____ plus.

Verticalement

1. S'il vous plaît, monsieur. Ma voiture ne _____ pas.
2. Je vais au grand magasin. Je dois faire une _____ pour ma sœur.
4. Oh là là! Il y a toujours des embouteillages aux heures de _____.
5. En cas d'_____, vous pouvez nous appeler à l'hôtel.
7. S'il te plaît, ne m'en veux pas. Je ne l'ai pas fait _____.
8. Regarde mon nouveau manteau! Je l'ai acheté en _____.
9. Ecoute, je ne peux pas te parler maintenant — je suis _____ de travail.
10. J'ai une tache sur ma veste. Je dois l'apporter au _____.
11. Puis-je voir le chef de rayon? Je veux faire une _____.
14. Maman va réparer ça, chéri. Va chercher mes _____.

B. Répétition générale. *(Dress rehearsal.)* Choisissez une des situations suivantes et écrivez un petit dialogue d'à peu près quatre répliques *(4 lines)*. Utilisez une autre feuille de papier.

a. Vous avez emprunté quelque chose à un ami et vous l'avez abîmé *(damaged)*. Il vous fait des reproches et vous demandez pardon.

b. Vous avez eu des ennuis avec votre voiture et vous vous en plaignez. Une amie vous écoute et essaie de vous consoler.

c. Vous faites une réclamation au grand magasin. La vendeuse à qui vous parlez n'est pas très patiente.

d. Une amie vous demande de faire une commission pour elle et vous lui expliquez pourquoi ce n'est pas possible.

La grammaire à apprendre

La négation

C. Pauvre de moi! *(Poor me!)* Les choses se passent toujours bien pour Delphine. Ce n'est pas le cas pour son amie Nadège, qui a, elle, des expériences plutôt... négatives! Imaginez les remarques de Nadège, en utilisant chaque fois une expression négative.

MODÈLE: (Delphine) J'ai déjà fini mon travail pour aujourd'hui!

(Nadège) *Je n'ai pas encore fini mon travail pour aujourd'hui.*

1. D: Tout s'est bien passé pour moi aujourd'hui!

   N: Quelle chance! _____

2. D: Mes vêtements étaient déjà prêts au pressing.

   N: Comment! _____

3. D: Tous les magasins où je devais aller étaient ouverts à midi.

   N: Ce n'est pas vrai! _____

4. D: J'ai vu beaucoup d'articles en solde.

   N: Zut! Moi, _____

5. D: En fait, je vois toujours quelque chose d'intéressant en ville.

   N: Moi, _____

6. D: J'ai rencontré quelqu'un de gentil dans le bus.

   N: Moi, _____

7. D: Et il y a encore de belles fleurs dans mon jardin.

   N: Chez moi, _____

8. D: J'aime mon travail et mes loisirs.

   N: _____

D. Un grand dépressif. Ce jeune homme se plaint beaucoup. Traduisez en français les phrases suivantes.

1. I'm not at all happy, and nobody loves me.

   _____

   _____

2. Yesterday, none of my friends called me. None came to see me, either.

   _____

   _____

   _____

   _____

   _____

3. And last month I did not receive a single letter from my parents.

   _____

   _____

   _____

   _____

   _____

4. Do they ever think about me? Not at all!

   _____

   _____

5. Do they listen to me? Never!

   _____

   _____

6. I have nothing interesting to do tonight.

   _____

   _____

7. My television doesn't work anymore, and the electrician hasn't come yet.

_____

_____

8. I won't see either my friends or my family.

_____

_____

9. I've never had any luck with women.

_____

_____

10. There's only my cat. And I can't find that selfish beast *(bête égoïste)* anywhere!

_____

_____

E. Encore des plaintes! *(Complaining again!)* Mettez-vous à la place d'une des personnes suivantes et imaginez ses plaintes. Ecrivez quatre à cinq phrases et utilisez une expression négative dans chacune de vos phrases. Utilisez une autre feuille de papier.

MODÈLE: un jeune locataire *(renter)* qui parle à son propriétaire *(landlord)*

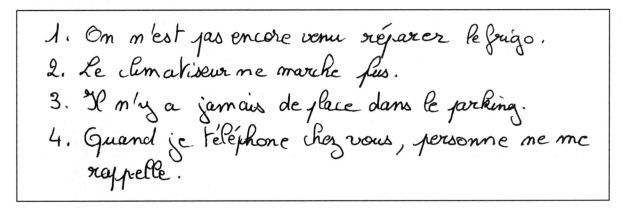

1. On n'est pas encore venu réparer le frigo.
2. Le climatiseur ne marche plus.
3. Il n'y a jamais de place dans le parking.
4. Quand je téléphone chez vous, personne ne me rappelle.

a. un jeune garçon en colonie de vacances *(summer camp)* qui parle à sa mère

b. un(e) étudiant(e) qui parle à son/sa camarade de chambre

c. une jeune mère avec un nouveau bébé qui parle à une amie

d. un(e) patron(ne) qui parle à son employé(e)

LEÇON 2

Cap sur le vocabulaire!

Phrases: Accepting; asking permission; refusing
and declining; requesting something

A. Mini-dialogues. Pour chacune des situations suivantes, imaginez un petit dialogue à deux répliques. Utilisez une autre feuille de papier.

MODÈLE: you ask a friend if he/she will loan you a sweater / the friend refuses

> — *Ça t'embête de me prêter ton pull bleu?*

> — *Ça ne t'embête pas...*

1. your conference has been canceled, and you wonder if you can still change your mind and attend a friend's party / your friend graciously agrees

2. you ask a friend if you may borrow her bike / she's sorry, but she refuses; she needs the bike herself

3. you ask a professor if you may attend his class today / he agrees

4. you ask your boss if you may bring a colleague to the meeting / she denies you permission

La grammaire à apprendre

Prépositions exigées par certains verbes

B. Préparations pour un pique-nique. Martine et Samuel organisent un pique-nique pour ce week-end. Reconstruisez leur conversation en ajoutant dans chaque blanc la préposition **à** ou **de.** Si une préposition n'est pas nécessaire, mettez un X.

MARTINE: J'ai oublié _____ **(1)** faire le plein d'essence. Je

me dépêche _____ **(2)** y aller tout de suite.

SAMUEL: Est-ce que je dois _____ **(3)** m'arrêter à la

boulangerie?

MARTINE: Non, mais souviens-toi _____ **(4)** prendre du

jambon et du saucisson à la charcuterie.

SAMUEL: D'accord, je vais _____ **(5)** tâcher _____ **(6)** ne rien oublier.

MARTINE: Tu as réussi _____ **(7)** mettre toutes les affaires dans le coffre?

SAMUEL: Oui, et je te conseille _____ **(8)** ne rien y ajouter. Tu vas _____ **(9)** tout écraser *(crush).*

MARTINE: Pourquoi est-ce que tu veux toujours _____ (10) m'empêcher _____ (11) t'aider

_____ (12) préparer nos excursions?

SAMUEL: Arrête-toi _____ (13) rouspéter *(complain)* et attends-toi _____ (14) déguster un bon

repas sur l'herbe. Tu devrais _____ (15) me remercier _____ (16) tout préparer!

C. Au bureau de réclamations. Claude et Micheline n'ont pas de chance. Le téléviseur qu'ils viennent d'acheter ne marche pas. Complétez le dialogue avec les prépositions à et de. Si une préposition n'est pas nécessaire, mettez un X dans le blanc.

L'EMPLOYÉ: Bonjour, messieurs-dames. Vous désirez?

CLAUDE: Nous vous rapportons ce téléviseur parce qu'il ne marche pas. Nous venons tout juste

_____ (1) l'acheter. Nous tenons _____ (2) être remboursés immédiatement.

L'EMPLOYÉ: Je regrette _____ (3) ne pas pouvoir _____ (4) donner satisfaction à votre demande.

La direction refuse _____ (5) rembourser tout article acheté en solde. Mais attendez...

j'hésite _____ (6) le faire, mais on m'a autorisé _____ (7) téléphoner _____ (8)

M. Briand. C'est le patron. Peut-être consentira-t-il _____ (9) échanger votre poste con-

tre un autre modèle. Mais vous devez attendre un peu. Je vous invite donc _____ (10)

vous asseoir là-bas.

MICHELINE: Bon, nous attendons, mais nous commençons _____ (11) nous impatienter...

LE PATRON: Messieurs-dames, je suis désolé _____ (12) apprendre que ce poste ne marche pas.

Avez-vous essayé _____ (13) le brancher *(plug in)* dans une pièce différente? Peut-être

votre prise de courant est défectueuse?

CLAUDE: Oui, monsieur, nous avons tout essayé. Il ne semble pas du tout _____ (14) s'allumer

quand nous le branchons. Alors, nous désirons _____ (15) être remboursés immédiate-

ment. Cette fois-ci, nous espérons _____ (16) acheter un téléviseur qui marche!

LE PATRON: Je regrette, mais cela n'est pas possible. Quand même, j'ai décidé _____ (17) faire

quelque chose. Je vais tâcher _____ (18) vous compenser en vous offrant une bonne

affaire. Mon employé va _____ (19) vous apporter un autre modèle de qualité

supérieure dont, j'espère, vous serez contents. Au revoir, messieurs-dames.

D. Auto-portrait. Ecrivez un petit auto-portrait, dans lequel vous parlez de vos études, de vos activités de loisir et de vos projets d'avenir *(future plans)*. Utilisez au moins six des expressions suivantes. (Attention! Faut-il utiliser une préposition avec ces expressions?) Utilisez une autre feuille de papier.

aimer + *infinitif*	compter + *infinitif*
s'amuser + *infinitif*	détester + *infinitif*
apprendre + *infinitif*	encourager + *infinitif*
avoir envie + *infinitif*	préférer + *infinitif*
avoir l'intention + *infinitif*	rêver + *infinitif*
choisir + *infinitif*	savoir + *infinitif*

Les prépositions et les noms géographiques

E. Le monde vous appartient. Laurent Schmidt dirige une agence de voyages qui a des liens partout dans le monde. Complétez les réponses qu'il donne à ses clients avec un article défini, une préposition ou un article défini + préposition, selon le cas.

1. Nous avons des vols réguliers _____ Afrique. Vous pouvez aller par exemple _____ Dakar

   _____ Sénégal, _____ Abidjan _____ Côte-d'Ivoire ou _____ Kinshasa _____ Congo.

2. Si vous voulez passer des vacances à la fois ensoleillées et culturelles, je vous conseille de séjourner

   _____ Italie, _____ Grèce, _____ Egypte ou _____ Mexique.

3. En ce moment, nous avons des tarifs spéciaux pour aller _____ Cuba, _____ Tunisie,

   _____ Antilles, _____ Congo, _____ Haïti ou _____ La Nouvelle-Orléans.

4. Pour obtenir ces tarifs, il faut partir _____ Paris, _____ Belgique, _____ Allemagne,

   _____ Pays-Bas ou _____ Luxembourg (pays).

5. Pour votre séjour _____ Etats-Unis, je vous conseille de visiter _____ Californie. Louez une

   voiture _____ San Francisco et puis de là, vous pouvez facilement voyager _____ Oregon,

   _____ Colorado et _____ Nouveau-Mexique.

6. Un pays francophone? Vous préférez _____ Europe, _____ Québec... ? Ah, une île? Alors, je

   vous propose un voyage organisé _____ Martinique. Vous serez enchantés de votre séjour _____

   Fort-de-France, la ville principale de cette île magnifique.

F. Les vacances sont encore trop loin. Vous venez d'arriver au bureau d'American Express à Paris pour demander des renseignements. Vous y rencontrez un groupe d'étudiants qui discutent de leurs voyages passés et futurs. Complétez les discussions avec la préposition qui convient (avec ou sans article défini). Si aucune préposition n'est nécessaire, mettez un X dans le blanc.

1. Quand je gagnerai à la loterie, j'irai passer le week-end _____ New York ou _____ Miami

   _____ Floride, mais pour le moment tout ce que je peux me permettre est d'aller _____

   Deauville _____ Normandie.

2. L'été dernier, nous avons participé à un voyage organisé _____ Europe centrale. Nous nous

   sommes arrêtés _____ Salzbourg et _____ Innsbruck _____ Autriche; puis, nous avons

   passé quelque temps _____ Allemagne.

3. J'ai réservé un studio _____ Madrid _____ Espagne où mes amis et moi, nous passerons le

   mois d'août. Nous irons également _____ Portugal. Il se peut même que nous visitions _____

   Maroc.

4. Claude, sa sœur et son copain iront _____ Etats-Unis cette année. Ils s'envoleront pour _____

   San Francisco. Ils loueront une voiture _____ Los Angeles et s'aventureront jusqu'_____ Grand

   Canyon. Ils passeront la plupart de leur temps _____ Californie, _____ Nevada, _____

   Utah et _____ Arizona.

5. Moi, je viens de rentrer _____ Caraïbes et ma cousine, elle rentre _____ Israël. Et toi, Robert,

   tu viens juste d'arriver _____ Chicago, n'est-ce pas?

Phrases: Sequencing events
Vocabulary: City; countries; traveling
Grammar: Future tense; prepositions
   with places

SYSTÈME-D

G. Votre jour de chance. Vous venez de gagner à un concours et vous avez la possibilité de faire trois voyages différents. Faites un itinéraire détaillé en trois paragraphes (un pour chaque voyage) en parlant des villes que vous visiterez et des divers pays que vous traverserez. Utilisez une autre feuille de papier.

LEÇON 3

Cap sur le vocabulaire!

A. Autrement dit...   Vous commencez à faire de vrais progrès en français! La preuve? Vous savez au moins deux façons de dire certaines choses. Trouvez une façon plus ou moins équivalente pour formuler chacune des idées suivantes. Utilisez les expressions de la liste suivante.

avoir du mal	l'importance
avoir du retard	mal comprendre
bouleversé(e)	provoquer
faire la queue	signifier

MODÈLE: Qu'est-ce qui a causé ces changements?

Qu'est-ce qui a provoqué ces changements?

1. Qu'est-ce que cela veut dire?

   _____

2. Je suis vraiment choqué(e)!

   _____

3. J'ai des difficultés à comprendre cela.

   _____

4. Il ne voit pas la signification de cet événement.

   _____

5. Encore une fois, il n'est pas à l'heure!

   _____

6. Il a fallu que nous attendions devant le cinéma.

   _____

7. Je pense que tu n'as pas bien compris.

   _____

La grammaire à apprendre

Les pronoms relatifs

B. Les problèmes de la vie. Nous avons tous des problèmes! Combinez les deux phrases en une seule en utilisant le pronom relatif qui convient (avec ou sans **ce**). Suivez le modèle.

Modèle: Je loue un appartement. Le propriétaire de l'appartement menace de m'expulser.

Le propriétaire de l'appartement que je loue menace de m'expulser.

1. Il y a deux mois, Marc a acheté un ordinateur. L'ordinateur est tombé en panne.

   _____

   Il a fait une réclamation à Carrefour. Il avait acheté l'ordinateur à Carrefour.

   _____

   Le vendeur de Carrefour refuse de rembourser l'ordinateur. Ceci rend Marc furieux.

   _____

2. Je travaille dans une banque. La banque se trouve au centre-ville.

   _____

   La circulation aux heures de pointe est très dense. Je déteste la circulation très dense aux heures de pointe.

   _____

   A cause de la circulation, j'ai raté une réunion. Je devais assister à cette réunion ce matin.

   _____

3. Le syndicat a lancé un ordre de grève. M. Péret est membre de ce syndicat.

   _____

   Le gouvernement refuse d'accorder l'augmentation de salaire. Les enseignants revendiquent *(demand)* cette augmentation de salaire.

   _____

   Ce matin, les professeurs du lycée se sont mis en grève. M. Péret enseigne à ce lycée.

   _____

4. Ma voisine a eu un accident de voiture très grave. Je fais du jogging avec la voisine.

_____

Elle est à l'hôpital Saint-Georges. Je vais lui rendre visite à l'hôpital ce soir.

_____

Je vais lui apporter des affaires personnelles. Elle a besoin de ces affaires personnelles.

_____

C. Exclusif. Un journaliste du journal canadien *Le Devoir* fait un reportage sur une nouvelle loi sur le bilinguisme qui a été présentée à la Chambre des communes. Complétez le reportage avec les pronoms relatifs corrects (avec ou sans **ce**).

La loi sur le bilinguisme intégral _____ (**1**) le Premier ministre, M. Bourassa, a présentée au

Parlement la semaine dernière est une loi _____ (**2**) de nombreux parlementaires ont encouragée

et _____ (**3**) a été facilement acceptée à la Chambre des communes. Cependant, cela n'a pas été

sans l'opposition du Parti québécois _____ (**4**) craint toujours l'intrusion du gouvernement fédéral

dans les affaires provinciales. C'est d'ailleurs _____ (**5**) le président de ce parti a déclaré au cours

d'une entrevue avec *Le Devoir,* le jour même _____ (**6**) les Communes ont adopté le projet de loi

controversé (120 contre 9). _____ (**7**) inquiète surtout les Québécois, c'est une série de mesures

_____ (**8**) le but est, selon eux, d'assurer l'intervention systématique du gouvernement dans toutes

les provinces. Le Secrétaire d'Etat a ainsi déclaré: «_____ (**9**) nous désirons, c'est encourager les

entreprises bénévoles à fournir leurs services en français et en anglais et _____ (**10**) nous avons

besoin, c'est la coopération de toutes les provinces canadiennes». Cependant, _____ (**11**) les

Québécois se souviennent à propos du bilinguisme, c'est une société _____ (**12**) les postes et les

emplois importants étaient interdits aux francophones. Malgré tout, la nouvelle loi augmentera la pro-

motion des deux langues officielles _____ (**13**) seront parlées dans toutes les institutions

fédérales. Pour apaiser les inquiets, le Secrétaire d'Etat a aussi promis de respecter les pouvoirs du

Québec en matière linguistique.

D. Au secours! Vous venez de vous installer dans un pays francophone et vous avez besoin de beaucoup de choses dont vous ne savez pas le nom en français. Expliquez aux vendeurs dans les magasins où vous allez ce dont vous avez besoin. Suivez le modèle et servez-vous des mots et expressions donnés. Variez les pronoms relatifs que vous utilisez.

quelque chose
une chose
un outil
une sorte de _____
un produit *(used for liquids, chemical compounds, etc.)*
un liquide

qui est utilisé pour + *infinitif*
qu'on utilise pour
dont on se sert pour
préposition + lequel (laquelle, lesquels, lesquelles) on + *verbe*

MODÈLE: *(dental floss)* ***C'est quelque chose qu'on utilise pour nettoyer entre les dents.***

1. *(a vase)* _____

_____

_____

2. *(a corkscrew)* _____

_____

_____

3. *(laundry detergent)* _____

_____

_____

4. *(chopsticks)* _____

_____

_____

5. *(a shower cap)* _____

_____

_____

6. *(a highlighter)* _____

_____

_____

EXERCICES DE LABORATOIRE

PHONÉTIQUE

Les sons vocaliques [i] et [a]   CD6–9

Pour produire la voyelle française [i], gardez les lèvres tendues et souriez! Le son [i] est similaire au son dans le mot anglais *me,* mais il est plus bref et plus tendu. Ecoutez, puis répétez les mots suivants qui contiennent tous le son [i].

ici   vit   suivi   souris   Yvelines   discipline   abîme

A. Maintenant, écoutez et répétez les phrases suivantes.

1. Minnie est arrivée ici avec une amie.

2. Sylvie vit près de Paris, dans les Yvelines.

3. L'ivrogne a fini sa vie dans l'abîme.

Il faut arrondir la bouche pour prononcer le [a] français. Imaginez que vous êtes chez le médecin et que vous faites un *ah!* bref. Considérez maintenant le son [a] dans les mots suivants. Ecoutez et répétez.

papa   assis   Cannes   canapé   patte   hâte   véranda

B. Ecoutez et répétez les phrases suivantes.

1. Papa est assis sur le canapé de la véranda.

2. Charles habite à Cannes mais le climat ne lui va pas.

3. Le chat a mal à la patte.

C. Continuez à pratiquer les sons [i] et [a] en lisant le paragraphe suivant. Ecoutez-le d'abord. Lisez ensuite les phrases à haute voix.

Sylvana est très amicale avec les animaux abandonnés de l'abri. Elle a pris l'habitude d'y aller chaque après-midi à quatre heures. Sa vie à Paris est si triste car elle n'a ni chien ni chat qui la fasse sourire. Sa maman lui a appris qu'elle va lui offrir un petit chat pour son anniversaire.

Les liaisons interdites (suite)   CD6–10

Voici d'autres cas de liaison interdite:

- **ils, elles, on** dans une inversion + un participe passé ou un infinitif commençant par un son vocalique:

  Exemples: Ont-ils / eu une bonne note?
  Vont-elles / être jalouses?
  Est-on / aidé par les professeurs?

- un article + un mot commençant par un **h** aspiré (**h** traité comme une consonne):

  Exemples: les / haricots verts
  un / Hollandais d'Amsterdam
  des / hamacs confortables

- un adverbe interrogatif se terminant par une consonne + un verbe commençant par un son vocalique:

    Exemples: Quand / arriverez-vous demain?
    Comment / êtes-vous venus?
    Combien / avez-vous payé?

D. Ecoutez les phrases suivantes et répétez-les en prenant soin de ne pas faire de liaisons interdites.

1. Un Hollandais mange des haricots verts.

2. Quand est-ce que tu as fini?

3. M'ont-ils aperçue?

4. Sont-ils arrivés à l'heure?

5. Suzanne et Arnaud ont-ils eu un hamac en cadeau de mariage?

6. Tes amies vont-elles aller aussi en Suisse?

7. Quand est-ce que tu aimerais aller en vacances?

LEÇON 1

Conversation   CD6–11

A. Expressions pour se plaindre et s'excuser. En français, il y a plusieurs expressions pour se plaindre et s'excuser. Ecoutez la Conversation (manuel, **chapitre 8**, leçon 1) en prêtant attention à ces expressions.

B. L'intonation des phrases. Maintenant, écoutez et répétez les phrases suivantes. Imitez l'intonation de la phrase en répétant les expressions qu'on utilise pour se plaindre et s'excuser.

1. Bonjour, madame. Excusez-moi, mais je vous ramène ce pantalon.

2. Je compte sur vous maintenant que vous avez vu ce qu'il en est.

3. Je regrette de vous rapporter du travail, mais...

4. Je suis vraiment désolé(e).

5. Ecoutez, ne vous inquiétez pas. Je vais m'en occuper.

6. Nous allons nettoyer le pantalon et rectifier l'erreur.

7. Eh bien, écoutez, je vous remercie.

8. Vous pouvez compter sur moi.

C. La bonne réponse. Quand on se plaint, on n'est pas toujours satisfait des résultats de la plainte. Ecoutez les mini-conversations suivantes, et dites si la personne qui se plaint sera satisfaite ou non des résultats de sa plainte.

1. Satisfaite   Pas satisfaite

2. Satisfaite   Pas satisfaite

3. Satisfaite   Pas satisfaite

4. Satisfaite   Pas satisfaite

La grammaire à apprendre

La négation   CD6–12

D. Une vendeuse aux Galeries Lafayette. Caroline adore son travail aux Galeries Lafayette. Sa collègue se plaint sans arrêt et la contredit toujours. Jouez son rôle et contredisez Caroline à votre tour en utilisant les expressions négatives suivantes.

MODÈLE: *Vous lisez:* **mon travail / ne... guère**

   Vous entendez: Mon travail est passionnant.

   Vous répondez: **Mon travail n'est guère passionnant.**

1. je / ne... que
2. je / ne... aucune
3. je / ne... rien

4. personne... ne
5. elle / ne... nulle part
6. je / ne... ni... ni

E. A la station-service. Votre sœur vous demande ce qui s'est passé quand vous avez fait réparer votre voiture à la station-service. Répondez à ses questions en suivant le modèle et en utilisant les expressions négatives suivantes.

MODÈLE: *Vous lisez:* **ne... rien**

   Vous entendez: Qu'est-ce que le mécanicien a fait?

   Vous répondez: **Il n'a rien fait.**

1. pas du tout
2. ni... ni... ne
3. ne... jamais
4. personne... ne

5. ne... aucune
6. ne... nulle part
7. ne... plus

LEÇON 2

Conversation   CD6–13

A. Demander, donner ou refuser la permission. En français, il y a plusieurs expressions pour demander, donner ou refuser la permission — implicitement ou explicitement. Ecoutez la Conversation (manuel, **chapitre 8**, leçon 2) en prêtant attention à ces expressions.

B. L'intonation des phrases. Maintenant, écoutez et répétez les phrases suivantes. Imitez l'intonation de la phrase en répétant les expressions qu'on utilise pour demander, donner ou refuser la permission.

1. Je voulais rentrer tôt ce soir, mais, justement, j'ai un petit problème...
2. Le patron me demande de dîner avec eux ce soir. Ça ne t'embête pas?
3. Si! Ça m'embête.
4. Je ferai quelque chose de spécial... Ce n'est vraiment pas possible ce soir.
5. Bon, je comprends... puisque tu n'y peux rien.
6. Euh, est-ce que vous permettez que je fume pendant que je travaille?
7. Je suis désolé(e), mais ce n'est pas possible.

C. La bonne réponse. On vous demande la permission de faire certaines choses. Comment répondez-vous? Choisissez la réponse que vous donneriez dans chaque situation.

_____ 1. a. Mais non, pas du tout!

            b. Si! Ça m'embête. Ça m'empêche de me concentrer.

_____ 2. a. Certainement. Je vous en prie.

            b. Je suis désolé(e), mais ce n'est pas possible.

_____ 3. a. Mais bien sûr. Je n'y vois pas d'inconvénient.

            b. Je regrette, mais il n'y a pas assez de place.

La grammaire à apprendre

Prépositions exigées par certains verbes   CD6–14

D. Une petite fille obéissante. Marie-Hélène est une petite fille très bien élevée qui demande toujours la permission pour faire quoique ce soit. Jouez le rôle d'une mère indulgente et donnez-lui la permission de faire tout ce qu'elle veut.

MODÈLE: *Vous entendez:* Est-ce que je peux aider Suzanne à faire ses devoirs?

        Vous répondez: **Oui, tu peux aider Suzanne à faire ses devoirs.**

(Items 1–8)

E. Conversations. Vous parlez avec une amie au café, mais elle ne fait pas très attention à ce que vous dites. Chaque fois qu'elle vous pose une question, vous répétez ce que vous venez de dire en utilisant les expressions données ci-dessous. Ajoutez une préposition, si c'est nécessaire, pour relier vos deux phrases. Suivez le modèle.

MODÈLE: *Vous lisez:* **Oui, elle apprend...**

        Vous entendez: Elle nage dans une piscine, tu as dit?

        Vous répondez: **Oui, elle apprend à nager dans une piscine.**

1. Non, mais nous rêvons...

2. Non, Frank a oublié...

3. Eh bien, le bébé essaye...

4. Eh bien, mon père veut...

5. C'est ça, elles ont choisi...

6. Eh bien, je me mets...

7. Euh, il espère...

Les prépositions et les noms géographiques   CD6–15

F. Où habitez-vous? Regardez la liste des endroits géographiques ci-dessous. Puis écoutez les descriptions et dites les noms des villes et des régions ou des pays où chaque personne habite. Suivez le modèle. (Attention! Les noms géographiques ne sont pas donnés dans le bon ordre!)

MODÈLE: *Vous entendez:* Jean peut visiter la tour Eiffel.

   Vous répondez: **Il habite à Paris, en France.**

Acapulco, Mexique
Londres, Angleterre
Québec, Québec
La Havane, Cuba
Fort-de-France, Martinique
Moscou, Russie
Munich, Allemagne
Floride, Etats-Unis
Tokyo, Japon
Normandie, France

(Items 1–10)

G. Les globe-trotters. Nous sommes à l'aéroport de Marseille, où plusieurs jeunes touristes parlent de leurs voyages. Terminez les phrases que vous entendez en utilisant les éléments donnés. Faites tous les changements nécessaires.

MODÈLE: *Vous lisez:* **je / préférer / Maroc**

   Vous entendez: Je vais en Espagne mais...

   Vous dites: **Je vais en Espagne mais je préfère le Maroc.**

1. nous / aller / Etats-Unis
2. je / retourner / Antilles
3. nous / venir / Texas
4. je / aller / Pays-Bas

5. ils / aimer mieux / Irlande
6. elle / connaître bien / Etats-Unis
7. nous / rentrer / Congo
8. je / aller enfin / Cameroun

LEÇON 3

Conversation   CD7–2

A. Expliquer ou demander une explication. En français, il y a plusieurs expressions pour demander une explication ou pour expliquer quelque chose. Ecoutez la Conversation (manuel, **chapitre 8**, leçon 3) en prêtant attention à ces expressions.

B. L'intonation des phrases. Maintenant, écoutez et répétez les phrases suivantes. Imitez l'intonation de la phrase en répétant les expressions qu'on utilise pour demander ou pour donner une explication.

1. Ecoute, j'ai quelque chose d'absolument incroyable à te raconter!

2. Figure-toi que ce soir la nourrice, Brigitte, a dû être transportée à l'hôpital.

3. Je ne comprends pas. Qu'est-ce qui s'est passé?

4. Alors, qu'est-ce que ça veut dire pour nous?

5. Autrement dit, c'est moi qui dois m'occuper de ce problème!

6. C'est ce que tu veux dire?

7. On dirait que tu ne veux plus aucune responsabilité!

8. Oh, écoute! Tout ce que je te demande, c'est de téléphoner.

La grammaire à apprendre

Les pronoms relatifs   CD7–3

C. On m'a volé ma voiture. Paul Marchand arrive au commissariat de police pour signaler le vol de sa voiture. Dans son affolement, il parle trop vite et l'inspecteur l'arrête pour lui poser des questions. Jouez le rôle de Paul, et répondez aux questions de l'inspecteur en utilisant les pronoms relatifs **qui** ou **lequel** (**laquelle**, etc.). Le début de votre réponse est donné entre parenthèses.

MODÈLE: *Vous lisez:* **Ma voiture était dans un parking. Ce parking se trouve au centre-ville. (Elle était...)**
           Vous entendez: Votre voiture était dans quel parking?
           Vous répondez: **Elle était dans le parking qui se trouve au centre-ville.**

1. Un homme passait dans la rue. Il avait l'air bizarre. (L'homme...)

2. Heureusement que j'ai Auto-Soleil. Je souscris à cette assurance. (C'est l'assurance...)

3. Voilà Mme Poiriel. J'ai parlé à cette femme juste après le vol. (C'est la femme...)

4. Ma pauvre voiture! Elle était en très bon état. (C'était une voiture...)

Maintenant, utilisez les pronoms relatifs **que** ou **dont** dans vos réponses.

5. Je dois signer ces papiers. Ils sont très importants. (Les papiers...)

6. Vous m'avez parlé d'un certain criminel. Je voudrais voir ce criminel. (Je voudrais voir...)

7. Vous avez trouvé un sac. Je peux l'identifier. (Je peux...)

8. Mon sac! J'ai très besoin de ce sac! (Oui, c'est un sac...)

Finalement, utilisez **ce qui** ou **ce que** dans vos réponses.

9. Il m'est arrivé cette catastrophe. Mes parents ne sont pas au courant de cela. (Mes parents...)

10. Je devrais faire quelque chose. Je ne sais pas quoi. (Je ne sais pas...)

11. Ils vont me dire quelque chose. J'ai peur de cela. (J'ai peur...)

D. Après le vol. Peu après le vol de la voiture, on en parle avec les parents de Paul, mais ils ne sont pas encore au courant des détails du crime. Jouez le rôle des parents, en utilisant **ce qui** ou **ce que** dans vos réponses.

MODÈLE: *Vous entendez:* Qu'est-ce qu'il y avait dans la voiture?

Vous répondez: **Nous ne savons pas ce qu'il y avait dans la voiture.**

(Items 1–6)

E. Des précisions. Vous faites des recherches généalogiques sur une grand-tante française qui s'appelle Paulette Rivière. Un ami regarde vos notes et vous pose des questions sur la vie de Paulette. Répondez à ses questions en utilisant le pronom relatif **où**.

Paulette Rivière:

née le 14 décembre 1901 à Quimper
a étudié à l'école normale d'institutrices de Rennes
a travaillé comme enseignante à Dinan
mariée à Concarneau en 1921
morte à Venise, en Italie, en 1975
enterrée au cimetière Père Lachaise à Paris

MODÈLE: *Vous lisez:* (**ville**)

Vous entendez: Quimper, c'est quoi?

Vous répondez: **C'est la ville où elle est née.**

1. (l'école)
2. (le jour)
3. (le pays)
4. (la ville)
5. (l'année)
6. (le cimetière)

Dictée CD7–4

F. Tout va mal. Julien décrit sa journée à son ami Paul. Ecoutez sa description, puis transcrivez-la. D'abord, vous entendrez la description entière. Ensuite, chaque phrase sera lue deux fois. Enfin, la description entière sera répétée pour que vous puissiez vérifier votre travail. Ecoutez.

_____

_____

_____

_____

_____

_____

_____

_____

_____

_____

_____

_____

_____

_____

_____

_____

_____

_____

_____

_____

_____

Compréhension

Grève des chantiers navals *(naval shipyards)* de l'Atlantique   CD7–5

Vous allumez la radio, ce matin, pour écouter les actualités, mais les nouvelles ne sont pas très positives. Cependant, vous vous intéressez aux informations sur la grève des chantiers navals, parce que votre beau-frère y travaille. Voici ce que vous entendez à la radio.

MOTS UTILES: la direction   *management*
parvenir   *to reach, attain*
mine désabusée   *disillusioned look*
la préfecture   *regional administrative headquarters*
la suppression   *elimination, removal*

G. On en a marre! Avez-vous compris le reportage sur la grève dans le détail? Faites le test en choisissant la bonne réponse.

_____ 1. Combien d'heures les négociations récentes ont-elles duré?
   a. neuf heures
   b. sept heures
   c. dix heures

_____ 2. Quel progrès a-t-on fait?
   a. aucun progrès
   b. un petit peu de progrès
   c. de grands progrès

_____ 3. Pourquoi les travailleurs sont-ils en grève?
   a. Ils veulent plus d'argent.
   b. On va supprimer beaucoup d'emplois.
   c. Ils veulent de meilleures conditions de travail.

_____ 4. Depuis combien de temps est-ce qu'il y a la grève?
   a. depuis une semaine
   b. depuis un mois
   c. depuis deux semaines

_____ 5. Combien de grévistes y a-t-il?
   a. 3 000
   b. 8 008
   c. 135 000

A Darty   CD7–6

Pendant la pause, la station pratique le commerce. Ecoutez l'annonce publicitaire suivante. Il s'agit du magasin Darty.

MOT UTILE: électroménager   *household appliances*

H. Publicité. Indiquez si les phrases suivantes sont vraies (V) ou fausses (F) d'après l'annonce publicitaire que vous venez d'entendre.

_____ 1. Les prix Darty sont un peu élevés mais la qualité des produits est garantie.

_____ 2. A Darty, on peut acheter un four à micro-ondes.

_____ 3. On peut avoir confiance que les prix Darty sont très bas toute l'année.

Les hypermarchés Continent CD7–7

Avant d'éteindre la radio, vous entendez une annonce publicitaire pour une vente spéciale de téléviseurs aux hypermarchés Continent.

MOTS UTILES: crever   *to burst, break*
une télécommande   *remote control*
foncer   *to rush, charge on*

I. Darty ou Continent? Vous voulez acheter un nouveau téléviseur. Les magasins Darty vous intéressent à cause de leurs prix bas. Mais vous entendez l'annonce publicitaire de Continent. Pour vous permettre de comparer avec Darty, vous notez les caractéristiques données par Continent.

1. marque de téléviseur: _____

2. téléviseur-couleur ou noir et blanc: _____

3. dimensions de l'écran: _____

4. nombre de watts consommés par heure: _____

5. prix: _____

6. nombre de téléviseurs en vente: _____

EXERCICES ÉCRITS

Je prendrais bien celui-ci...

LA GRAMMAIRE À RÉVISER

Avant la première leçon

Les adjectifs démonstratifs

A. Un peu de shopping. La famille Amegboh fait des courses dans un grand magasin. Complétez les dialogues avec l'adjectif démonstratif qui convient.

1. *Au rayon femmes:*

   — Chéri, tu préfères _____ chemisier-_____ ou _____ chemisier-_____ ?

   — Je préfère le rouge. Il est plus original.

   — Et comme accessoire à ton avis, je devrais prendre _____ collier-_____ en argent ou

   _____ collier-_____ en perles?

   — A mon avis, _____ colliers sont trop gros. Regarde _____ petite chaîne en or. Elle serait plus

   jolie, je crois.

2. *En passant au rayon des jouets:*

   — Maman, tu as promis de m'acheter quelque chose. J'aimerais bien _____ voiture téléguidée

   (radio-controlled) et aussi une de _____ nouvelles voitures de la série formule 1.

   — Je t'en achète une, pas deux. Choisis! Tu veux _____ voiture-_____ ou _____

   voiture-_____ ?

3. *Et enfin au rayon photo:*

— Pardon, madame. Pourriez-vous me dire combien coûtent _____ deux appareils photos?

— Bien sûr, monsieur. _____ appareil-_____ coûte *430 €.* Et celui-là fait *650 €.* C'est un

excellent appareil.

— C'est un gros achat. Nous allons y réfléchir. Merci, madame.

Les adverbes

B. Traits de caractère. Complétez les phrases avec l'adverbe correspondant à l'adjectif donné dans la première phrase.

MODÈLE: André est objectif. Il analyse les faits *objectivement.*

1. Maïwenn est généreuse. Elle partage _____ ce qu'elle a.

2. Colin est attentif. Il écoute _____ ce qu'on lui dit.

3. Julie est élégante. Elle s'habille _____.

4. Anissa est très polie. Elle salue toujours les gens très _____.

5. Aurèle est sérieux. Il parle toujours très _____.

6. Clémentine est franche. Elle dit _____ ce qu'elle pense.

7. Foued est intelligent. Il s'exprime _____.

8. Le petit Clément est doux. Il parle _____.

9. Mathieu a un choc profond. Il a été _____ choqué.

10. Karim est consciencieux. Il fait son travail _____.

11. Le petit Médoune est bruyant. Il joue _____.

12. Francine est timide. Elle répond _____ aux questions qu'on lui pose.

13. Joseph est lent. Il fait les choses _____.

14. Madeleine est spontanée. Elle fait les choses _____.

C. Personnalités. Trois personnes racontent leur vie à un psychiatre qui essaie d'identifier leur type de personnalité. Traduisez les adverbes donnés entre parenthèses. Ensuite, décidez quel est le type de personnalité que chacun possède.

FRANÇOIS: Généralement je me lève à la dernière minute, je me prépare *(quickly)*

_____ (1) et pars *(immediately)* _____ (2) à

la fac. Aujourd'hui j'ai *(first)* _____ (3) un cours de maths à onze

heures, *(then)* _____ (4) un cours de français, et le soir, un cours

d'anglais. Heureusement *(the day after tomorrow)* _____ (5), c'est

samedi. Je pourrai dormir *(a long time)* _____ (6) et me réveiller

très *(late)* _____ (7).

François est-il du type pessimiste nostalgique, éternel fatigué ou rêveur poète?

_____

MARIE-JEANNE: Je rêve de partir *(far away)* _____ (8), de visiter des pays exotiques,

de vivre *(someplace else)* _____ (9). Comme le poète Baudelaire,

je rêve de voyages: «Mon enfant, ma sœur, songe à la douceur d'aller *(over there)*

_____ (10) vivre *(together)* _____ (11)!...

(There) _____ (12), tout n'est qu'ordre et beauté, luxe, calme et

volupté.» J'aimerais *(so much)* _____ (13) m'évader vers des

contrées inconnues.

Marie-Jeanne est-elle du type pessimiste nostalgique, éternel fatigué ou rêveur poète?

_____

PHILIPPE: *(Formerly)* _____ (14), la vie était plus facile. On mangeait *(well)*

_____ (15), on voyait *(often)* _____ (16) sa

famille et ses amis, on s'aidait *(willingly)* _____ (17). Maintenant

on travaille *(too much)* _____ (18), on mange *(badly)*

_____ (19), on a *(hardly)* _____ (20) le temps de

voir sa propre famille, on n'est en sécurité *(nowhere)* _____ (21).

Bref, on ne vit pas.

Philippe est-il du type pessimiste nostalgique, éternel fatigué ou rêveur poète?

_____

Nom _____ Date _____

LEÇON 1

Cap sur le vocabulaire!

A. De quoi a-t-on besoin? Lisez les contextes ci-dessous et décidez de quoi chaque personne a besoin (en vous inspirant de la liste de vocabulaire présentée dans la leçon 1). [RAPPEL: Avec des noms concrets au singulier, utilisez **avoir besoin d'un**(e); avec des noms concrets au pluriel et des noms abstraits, utilisez **avoir besoin d(e)**.]

MODÈLE: Françoise s'installe dans son premier appartement.

Elle a besoin d'appareils-ménagers.

ATTENTION

Risque de dégorgement au premier lavage

———

Laver séparément

1. Marie en a marre (*is sick and tired*) d'aller toujours à la laverie automatique. (2 choses)

   _____

2. Frédérique passe beaucoup trop de temps à faire la vaisselle.

   _____

3. Marcel veut pouvoir vite préparer ses repas le soir.

   _____

4. Jean-Claude laisse traîner (*leaves lying around*) tous ses livres par terre.

   _____

5. Sa femme Claudette laisse traîner tous ses vêtements par terre.

   _____

6. Suzanne a froid aux pieds parce qu'il n'y a rien qui couvre le plancher (*the floor*) dans son appartement.

   _____

7. Marie-Laure est une femme d'affaires qui cherche de nouveaux vêtements.

   _____

8. Pierre est un homme d'affaires qui doit s'habiller pour une réunion importante.

   _____

9. Il va pleuvoir. De quoi avez-vous besoin? (2 choses)

    _____

10. Vous partez en vacances pour faire du ski. De quoi aurez-vous besoin? (2 choses)

    _____

11. Vous allez à la plage ce week-end. De quoi aurez-vous besoin?

    _____

La grammaire à apprendre

Les pronoms démonstratifs

B. A la bijouterie (jewelry store). Monsieur Moreau cherche un cadeau pour sa femme qui adore les bijoux, mais il a du mal à trouver ce qui lui plairait le mieux. Complétez sa conversation avec le bijoutier en ajoutant les pronoms démonstratifs qui conviennent: **celui, celle, ceux, celles, celui-ci(-là), celle-ci(-là), celles-ci(-là), ceux-ci(-là), ceci, cela.**

M. MOREAU: Oui... je pense acheter des bijoux pour ma femme.

_____ (1) que je lui ai offerts l'an dernier

lui ont fait beaucoup plaisir.

BIJOUTIER: Très bien, Monsieur. Aimerait-elle une de ces bagues?

M. MOREAU: Ah oui, elle aimerait _____ (2). Puis-je

voir aussi _____ (3) d'en haut, s'il vous

plaît?

BIJOUTIER: Bien sûr. Je pourrais vous montrer _____ (4)

qui sont en vitrine également.

BIJOUTIER: Peut-être ce beau bracelet?

M. MOREAU: Non, _____ (5) ne lui plairait pas.

BIJOUTIER: Pourquoi ne pas lui offrir une montre?

M. MOREAU: Je ne sais pas... voyons... entre ces deux montres, je préfère

_____ (6)

à _____ (7).

BIJOUTIER: Toutes les femmes adorent les boucles d'oreilles. En voici quelques paires.

M. MOREAU: Je n'aime pas tellement _____ (8), mais

_____ (9) ne sont pas mal.

BIJOUTIER: Aime-t-elle les perles? J'ai des ravissants colliers en perles

à vous proposer...

M. MOREAU: Vous avez raison: _____ (10) est

particulièrement ravissant! Mais lequel est moins cher?

_____ (11) de droite

ou _____ (12) de gauche?

BIJOUTIER: _____ (13) de gauche. Il coûte 1500

euros, un prix tout à fait correct.

M. MOREAU: Bon, écoutez, Monsieur. C'est un anniversaire très important.

Je lui offrirai ce collier-ci et des boucles d'oreille aussi:
je vais prendre

_____ (14). Vous me mettrez

tout _____ (15) en paquet cadeau.

C. Vos choix et vos préférences. Répondez aux questions suivantes en utilisant un pronom démonstratif.

MODÈLE: Au rayon confiserie *(candies)*, vous choisissez des chocolats pour vos grands-parents. Il y a des chocolats à la crème, aux fruits, à la menthe, à la liqueur. Lesquels choisissez-vous?

Je vais choisir ceux qui sont à la menthe.

1. Préférez-vous acheter des produits qui sont fabriqués aux Etats-Unis ou dans un pays étranger?

_____

2. Préférez-vous les vêtements de Liz Claiborne, de Calvin Klein ou de Ralph Lauren?

_____

3. Dans un magasin, vous trouvez un pull qui vous plaît à $40. Puis vous en voyez un autre que vous adorez à $85. Lequel achetez-vous?

_____

4. Vous êtes dans un magasin au rayon de vaisselle et vous choisissez des assiettes *(f)* pour le mariage d'une amie qui a un goût très spécial. Allez-vous choisir des assiettes de forme ronde, rectangulaire, ovale ou carrée?

_____

5. Il n'y a que deux chemises qui restent dans l'armoire de votre père/frère: une est sale mais en bon état, l'autre est propre mais usée. Laquelle mettra-t-il?

_____

Les adverbes

D. Un nouvel appartement.
Evelyne Duvalier va s'installer dans un nouvel appartement non-meublé *(unfurnished)*. Mettez l'adverbe donné entre parenthèses à la place qui convient dans chaque phrase.

1. J'ai trouvé un nouvel appartement. (déjà)

_____

2. Je ne suis pas contente de mon appartement. (tout à fait)

_____

3. J'aurais aimé un appartement plus près du centre-ville, mais je n'en ai pas trouvé. (tellement)

_____

4. Mes amis vont m'aider à déménager. (heureusement)

_____

5. Nous sommes allés à l'hypermarché pour m'acheter des appareils-ménagers. (avant-hier)

_____

6. Nous y avons trouvé tout ce dont j'avais besoin. (à peu près)

_____

7. J'ai une machine à laver. (enfin)

_____

8. Je vais m'en servir souvent. (sûrement)

_____

E. A vous! En vous inspirant de la liste ci-dessous, trouvez l'équivalent français qui vous aidera à vous décrire.

bad	*expensive*	*little*	*quickly*
badly	*gladly*	*loudly*	*rather*
better	*good*	*meanly*	*softly*
briefly	*hard*	*nicely*	*well*
clearly	*hopefully*		

1. Quand je sors, j'ai tendance à m'habiller _____.

2. Quand je parle à un inconnu, je lui parle _____.

3. Quand je suis dans un grand magasin, je passe mon temps _____ au rayon des

   _____.

4. Au restaurant, j'ai tendance à parler _____.

5. Quelqu'un qui met beaucoup de parfum sent _____.

6. Pendant la période des examens, il faut travailler _____.

7. D'habitude, j'accepte _____ des invitations à sortir.

8. Je préfère (ne pas) acheter des choses qui coûtent _____.

LEÇON 2

Cap sur le vocabulaire!

A. Etes-vous branché(e)? *(Are you in the know?)* Complétez la phrase avec le mot de vocabulaire convenable. Vous pouvez utiliser chaque mot plus qu'une fois.

1. Avant de mettre en marche votre ordinateur, il faut le _____. En fait, vous

   aurez besoin de plusieurs prises électriques *(electrical sockets)* pour tout.

2. Il y a deux types de disquette, une disquette à _____ et une disquette à

_____. Celle à _____ est plus courante

aujourd'hui. Il faut _____ une disquette neuve avant de l'utiliser. Tout

d'abord, il faut commencer par mettre la disquette dans _____.

3. Vous pouvez voir ce que vous avez tapé sur _____. Si vous n'aimez

pas ce que vous avez écrit, il suffit de l'_____ ou de le

_____ ailleurs.

4. Pour effectuer les commandes nécessaires, vous pouvez _____ sur

les touches appropriées ou _____ la souris.

5. Avant de quitter un document, n'oubliez pas de le _____. Sinon, vous
allez le perdre.

6. Pour imprimer votre document, il vous faudra une _____, de préférence

_____.

7. Le Web, c'est _____

de sites. On peut _____

rapidement entre de nombreux sites. On appelle
quelqu'un qui adore le Web un

_____.

8. Avec un ordinateur, on peut aussi envoyer et
recevoir de l'e-mail, c'est-à-dire, du

_____.

La grammaire à apprendre

Le comparatif et le superlatif des adjectifs

Grammar: Demonstrative adjectives

B. «Avant d'acheter, on compare!» Vous êtes au rayon de l'électronique où vous allez d'abord comparer deux choses (en vous servant du comparatif). Ensuite, vous comparerez quelque chose à toutes les autres (en vous servant du superlatif). Suivez les modèles.

MODÈLE: ce portable / + petit / (le magasin)

Ce portable-ci est plus petit que celui-là.

En fait, ce portable-ci est le plus petit du magasin.

1. cet ordinateur / – puissant / (tout notre stock)

   _____

   _____

2. cet écran / + bon / (tous les écrans)

   _____

   _____

3. ce clavier / + grand / (les modèles IBM)

   _____

   _____

4. cette graphique / – clair / (tous nos ordinateurs)

   _____

   _____

MODÈLE: On / cliquer / cette souris / – facilement / (toutes les souris ici)

On clique cette souris-ci moins facilement que celle-là. En fait, on clique cette souris-ci le moins facilement de toutes les souris ici.

5. Ce programme / marcher + bien / (tous les programmes disponibles [*available*])

_____

_____

6. Cette imprimante / imprimer – vite / (toutes nos imprimantes)

_____

_____

7. Ce logiciel de traitement de texte / coûter + cher / (tous les logiciels disponibles)

_____

_____

8. Cet ordinateur / durer (au futur) – longtemps / (les modèles disponibles)

_____

_____

9. Ce portable / se transporter + facilement / (les modèles Microsoft)

_____

_____

MODÈLE: Dans notre magasin / on vend / + jeux vidéos / les autres magasins

Dans notre magasin, on vend plus de jeux vidéos que dans les autres magasins.

Dans notre magasin, on vend le plus de jeux vidéos.

10. Dans notre magasin / il y a / + choix / les autres magasins

_____

_____

11. Dans notre magasin / on trouve / + vendeurs prêts à vous aider / ailleurs

_____

_____

12. Ici / il y a / – consommateurs mécontents *(dissatisfied customers)* / ailleurs

_____

_____

13. Ici / il y a / – réclamations *(complaints)* / ailleurs

_____

_____

14. Chez nous / vous trouverez / + expertise / chez nos concurrents *(competitors)*

_____

_____

C. C'est le meilleur! Vous travaillez dans une agence de publicité *(advertising agency)* et c'est à vous de trouver des slogans publicitaires. Regardez le modèle avant d'écrire cinq slogans publicitaires pour des entreprises de votre choix.

MODÈLES: *Le Coca-Cola: **C'est la boisson la plus rafraîchissante!***

*Abercrombie & Fitch: **Ce sont les vêtements les plus populaires!***

1. _____

2. _____

3. _____

4. _____

5. _____

LEÇON 3

Cap sur le vocabulaire!

A. Etes-vous chef de cuisine? Quel est votre niveau d'expertise dans la cuisine? Dites ce qu'on fait souvent avec les aliments suivants ou ce qu'on fait pour les préparer.

MODÈLE: les spaghettis: *On fait bouillir / cuire les spaghettis.*

1. le beurre: _____

2. le poisson: _____

3. l'eau: _____

4. le pain: _____

5. le bœuf: _____

6. les champignons: _____

7. le poulet: _____

8. la sauce: _____

La grammaire à apprendre

Faire causatif et les verbes de perception

B. Les grands paresseux. Dites ce que ces célébrités laissent faire aux assistants *(let them do for them)* ou ce qu'ils leur font faire *(have them do)*.

MODÈLE: le Président de la République Française / faire les courses / sa femme

  Le Président laisse (fait) faire les courses à sa femme.

1. la reine Elizabeth / faire la cuisine / son chef

_____

2. Martha Stewart / ranger *(clean up)* sa maison / ses domestiques

_____

3. Calvin Klein / laver ses vêtements / sa sœur

_____

4. George W. Bush / écrire ses discours *(speeches)* / ses aides

_____

5. Dale Earnhardt Jr. / réparer sa voiture / des mécaniciens

_____

6. Michael Jordan / acheter des baskets (chaussures) / son agent

_____

7. Chef Tell / faire la vaisselle / son assistant

_____

8. Sylvester Stallone / faire les acrobaties *(to do stunts)* / un cascadeur *(stunt man)*

_____

9. Naomi Campbell / choisir ses produits de beauté / sa maquilleuse *(makeup woman)*

_____

Vocabulary: Time expressions
Grammar: Causative **faire**; pronouns

SYSTÈME-D

C. Que faites-vous faire? Dites si vous faites les choses ci-dessous vous-même ou si vous les faites faire. Répondez à chaque question en employant un pronom d'objet direct; employez le même temps du verbe dans votre réponse que dans la question.

MODÈLE: Est-ce que vous avez fait construire ces étagères?

Oui, je les ai fait construire. OU *Non, je les ai construites moi-même.*

1. L'année dernière, est-ce que vous vous êtes fait faire votre costume d'Halloween?

_____

2. Cette année, est-ce que vous ferez envelopper vos cadeaux de Noël?

_____

3. Est-ce que vous vous faites couper les cheveux?

_____

4. Autrefois, est-ce que vous faisiez réparer la voiture?

_____

5. Avez-vous toujours fait développer vos photos?

_____

D. Comme ça me fait rire! Pensez à une personne célèbre (ou à plusieurs personnes différentes, si vous voulez). Dites qui (ou ce qui) lui fait faire les choses ci-dessous. Ecrivez toute la phrase.

MODÈLE: le/la faire trembler

George W. Bush: L'opinion publique le fait trembler.

1. le/la faire rire: _____

2. le/la faire pleurer: _____

3. le/la faire paniquer: _____

4. le/la faire sourire: _____

5. le/la faire rêver: _____

6. le/la faire dormir: _____

Maintenant, pensez à vous-même:

7. me rendre malade: _____

8. me rendre paresseux(-euse): _____

9. me rendre heureux(-euse): _____

10. me rendre malheureux(-euse): _____

11. me rendre anxieux(-euse): _____

12. me rendre triste: _____

E. Cendrillon. Mettez-vous à la place des belles-sœurs laides de Cendrillon. Qu'est-ce qu'elles auraient pu dire à leur mère le jour du grand bal? Utilisez le **faire causatif** à l'impératif et un pronom d'objet direct. Suivez le modèle.

MODÈLE: Mère, faites travailler Cendrillon!

Faites-la travailler!

1. Mère, faites chercher mes plus belles chaussures!

   _____

2. Mère, faites venir le chauffeur à huit heures!

   _____

3. Mère, faites repasser *(to iron)* ma robe jaune!

   _____

4. Mère, faites préparer les faire-part *(wedding announcements)* pour mon mariage au prince charmant!

   _____

Maintenant, c'est Cendrillon qui parle. Utilisez les verbes de perception (**voir** et **entendre**) pour dire ce qu'elle a vu et entendu.

MODÈLE: parler du grand bal

J'ai entendu parler du grand bal.

5. partir mes sœurs

   _____

6. arriver une fée *(fairy)*

   _____

7. apparaître un beau carrosse *(coach)*

   _____

8. le prince m'inviter à danser

   _____

9. sonner minuit

   _____

EXERCICES DE LABORATOIRE

PHONÉTIQUE

Les voyelles nasales   CD7–8

Les voyelles qui précèdent un **n** ou un **m** à la fin d'un mot sont nasales. Les voyelles qui précèdent un **n** ou un **m** devant une consonne autre que **n** ou **m** sont aussi nasales. Il y a trois sons nasaux différents:

[ɛ̃] s'écrit: **in, im, ain, aim, un, um, en**

[ɑ̃] s'écrit: **an, am, en, em**

[ɔ̃] s'écrit: **on, om**

A. Ecoutez et répétez les mots suivants.

[ɛ̃]	dem**ain**	l**oin**	**im**perméable
	en comm**un**	exam**en**	enf**in**

[ɑ̃]	l**ent**	tellem**ent**	aut**ant**
	longt**em**ps	s**em**blable	coll**ant**

[ɔ̃]	c**on**stant	vol**on**tiers	l**on**gtemps
	blous**on**	**n**ombre	b**on**

B. Ecoutez et répétez les phrases qui suivent.

1. A partir de demain, j'apporterai les imperméables et les maillots de bain, enfin!

2. Ensuite, je mettrai des collants semblables ensemble.

3. Depuis longtemps ils achètent volontiers des blousons, heureusement!

La voyelle devant **m** ou **n** n'est pas nasale dans les deux cas suivants: lorsque **m** ou **n** est doublé, comme dans e**nn**emi et ho**mm**e, et lorsque **m** ou **n** est entre deux voyelles, comme dans ordi**n**ateur et a**m**i.

C. Ecoutez et répétez les groupes de mots suivants.

[ɛ̃] / [ɛ]	[ɑ̃] / [an] — [am]	[ɔ̃] / [ɔn]
vain/vaine	gitan/gitane	bon/bonne
mien/mienne	constant/constamment	son/sonne
tient/tiennent	patient/patiemment	don/données

D. Ecoutez et répétez ces phrases, qui contiennent des sons nasalisés et non-nasalisés.

1. Le baron et la baronne ont de très bonnes manières, mais ils sont un peu hautains.

2. Depuis que ces résidents de Caen sont à Cannes, ils s'étonnent du grand nombre d'habitants d'origine italienne.

3. Yvonne vient en train pour voir le championnat.

Les sons [ø] et [œ]   CD7–9

Le son vocalique [ø] se trouve en syllabe ouverte (**peu**) ou en syllabe se terminant par le son [z] (**menteuse**). Il se prononce en arrondissant les lèvres, la pointe de la langue touchant les dents du bas. Il s'écrit **eu** ou, moins souvent, **œu**. Ecoutez et répétez les mots suivants:

ceux   eux   vaniteux   paresseuse   vieux   vœu   heureuse

E. Ecoutez et répétez les phrases suivantes.

1. Malheureusement, Eugénie est trop vaniteuse et paresseuse.

2. Ces deux vieux jeux rendent l'enfant heureux.

3. Je peux être plongeuse si je veux, tout comme eux.

Le son [œ] est plus ouvert en timbre que le son [ø]. On le rencontre en syllabe fermée (**peur**). Il s'écrit aussi **eu** ou **œu**. Ecoutez et répétez:

cœur   veuve   neuf   couleur   professeur

F. Ecoutez et répétez les phrases suivantes.

1. Leur jeune professeur a très bon cœur.

2. Ma jeune sœur est la veuve d'un acteur.

3. La couleur de leur téléviseur va avec leurs meubles.

L E Ç O N   1

Conversation   CD7–10

A. Les préférences. Maintenant, écoutez la Conversation (manuel, **chapitre 9**, leçon 1) en prêtant attention aux expressions pour dire ce qu'on préfère.

B. Le son des phrases. Ecoutez et répétez ces phrases tirées de la conversation.

1. J'adore les marchés aux puces!

2. Moi, le cuir, j'adore!

3. Ah, mais j'aime mieux celui-là, à gauche.

4. Moi, les trucs de guerre, j'ai horreur de ça.

Mots et expressions utiles   CD7–11

C. Exprimer ses goûts et préférences. Vous entendrez une question. Répondez-y en recombinant les éléments donnés.

MODÈLE: *Vous lisez:* des vêtements dans ses prix

   Vous entendez: Qu'est-ce que Laure préfère aux vêtements chics?

   Vous répondez: **Laure préfère des vêtements dans ses prix aux vêtements chics.**

   Vous entendez la confirmation: Oui, c'est ça. Laure préfère des vêtements dans ses prix aux vêtements chics.

1. ne... ni... ni

2. des chaussures à talons hauts

3. ce costume

4. ce tapis

5. celle-ci

La grammaire à apprendre

Les pronoms démonstratifs   CD7–12

D. On déménage! Vous et vos colocataires venez de déménager. Il reste un tas d'objets que vous avez oubliés et vous vous demandez à qui ils sont. Répondez aux questions de vos colocataires en utilisant des pronoms démonstratifs et les indications suivantes.

MODÈLE: *Vous lisez:* **Oui / Paul**

   Vous entendez: Est-ce que ce sont les livres de Paul?

   Vous répondez: **Oui, ce sont ceux de Paul.**

   Vous entendez la confirmation: Tu as raison, ce sont ceux de Paul.

1. Non / Paul

2. Oui / Michel

3. Non / Jean-Jacques

4. Oui / Jean-Jacques

5. Non / Michel

6. Oui / Michel

Les adverbes   CD7–13

E. Au bureau. Une de vos collègues de bureau vous donne ses opinions sur le reste du personnel. Vous êtes d'accord avec elle, et vous répondez avec des exemples. Dans votre réponse, utilisez les mots donnés ci-dessous et un adverbe qui correspond à l'adjectif entendu.

MODÈLE: *Vous lisez:* **s'occuper des clients**

   Vous entendez: Maurice est aimable.

   Vous répondez: **Oui, il s'occupe des clients aimablement.**

1. taper les lettres

2. traiter ses employés

3. répondre au téléphone

4. parler anglais

5. écrire

6. tout expliquer

LEÇON 2

Conversation   CD7–14

A. Les comparaisons. Maintenant, écoutez la Conversation (manuel, **chapitre 9**, leçon 2) en prêtant attention aux expressions pour comparer.

B. Le son des phrases. Ecoutez et répétez ces phrases tirées de la conversation.

1. Ils se ressemblent tous.

2. Ils semblent tous pareils!

3. On m'a dit que les micros ont une plus grande mémoire.

4. Est-ce qu'on peut avoir une même qualité d'audio avec le lecteur de cédérom?

5. Le problème c'est que le portable est plus pratique mais il coûte aussi beaucoup plus cher.

Mots et expressions utiles   CD7–15

C. Souligner les ressemblances / les différences. Ecoutez et indiquez si ce que vous entendez souligne les ressemblances ou les différences des choses comparées.

1. ressemblances / différences   5. ressemblances / différences

2. ressemblances / différences   6. ressemblances / différences

3. ressemblances / différences   7. ressemblances / différences

4. ressemblances / différences   8. ressemblances / différences

La grammaire à apprendre

Le comparatif et le superlatif des adjectifs, des adverbes et des noms   CD7–16

D. Il ne faut rien exagérer! Un groupe de cybernautes se vantent *(are bragging)* de leurs ordinateurs. Mettez leurs phrases d'abord au comparatif, puis au superlatif. Suivez le modèle et utilisez les éléments donnés ci-dessous.

MODÈLE: *Vous lisez:* **plus / le tien / la classe**

Vous entendez: Mon ordinateur est cher.

Vous répondez d'abord: **Mon ordinateur est plus cher que le tien.**

Vous entendez ensuite: Non, mon ordinateur est plus cher que le tien!

Vous répondez ensuite: **Mon ordinateur est le plus cher de la classe.**

Vous entendez enfin: Non, mon ordinateur est le plus cher de la classe!

1. plus / la tienne / notre groupe   4. plus / toi / tous

2. plus / vous / tout le monde   5. plus / toi / toute la classe

3. plus / les vôtres / tous les ordinateurs

E. Si on compare. Deux groupes de jeunes gens — un groupe américain et un groupe français — se préparent pour faire du camping. Etudiez et comparez les listes des articles qu'ils vont emporter avec eux.

Les Américains	*Les Français*
5 couvertures	3 couvertures
1 casserole	4 casseroles
10 paires de chaussures	7 paires de chaussures
16 paires de chaussettes	9 paires de chaussettes
8 pantalons	5 pantalons
10 sandwichs	10 sandwichs
2 bouteilles de vin	4 bouteilles de vin
5 assiettes	5 assiettes
12 chemises	10 chemises

Ecoutez maintenant les affirmations suivantes, et indiquez si chaque phrase est vraie ou fausse en encerclant la bonne réponse. Corrigez ensuite les phrases que vous aurez trouvées fausses et répétez celles qui sont vraies.

MODÈLE: *Vous entendez:* Les Américains ont plus de casseroles que les Français.

Vous entourez: FAUX

Vous dites: **Les Américains ont moins de casseroles que les Français.**

1. VRAI   FAUX   4. VRAI   FAUX

2. VRAI   FAUX   5. VRAI   FAUX

3. VRAI   FAUX   6. VRAI   FAUX

L E Ç O N   3

Conversation   CD7–17

A. Les instructions. Maintenant, écoutez la Conversation (manuel, **chapitre 9**, leçon 3) en prêtant attention aux expressions pour donner des instructions, des indications et des ordres.

B. Le son des phrases. Ecoutez et répétez ces phrases tirées de la conversation.

1. D'abord tu prends deux tranches de pain de mie.

2. Ensuite, tu mets une première tranche de fromage.

3. Et puis, tu mets une tranche de jambon.

4. Fais attention de ne pas laisser coller le pain à la poêle.

5. Je ne pige pas!

Mots et expressions utiles   CD7–18

C. Quelle est la fonction? Dites quelle est la fonction des expressions que vous entendez. Voici les quatre réponses possibles:

    a. donner des instructions   **c.** encourager

    b. s'assurer que l'on comprend   **d.** dire qu'on ne comprend pas

_____ 1.   _____ 4.

_____ 2.   _____ 5.

_____ 3.   _____ 6.

La grammaire à apprendre

Faire causatif et les verbes de perception   CD7–19

D. Perception. Laissez aller vos sens! Que voyez-vous? Qu'entendez-vous? Répondez aux questions en employant les verbes de perception que vous aurez entendus et les éléments donnés. La deuxième fois, vous répondrez avec un pronom. [N.B. Utilisez un pronom d'objet direct puisque vous aurez déjà établi le contexte dans la phrase précédente.]

MODÈLE: *Vous lisez:* **passer / des voitures**

    Vous entendez: Qu'entendez-vous?

    Vous répondez: **J'entends passer des voitures.**

    Vous entendez: Vous entendez passer des voitures?

    Vous répondez: **Oui, je les entends passer.**

    Vous entendez la confirmation: Moi aussi, je les entends passer.

  1. voler / un avion   **4.** jouer / des enfants

  2. pousser / la pelouse *(lawn)*   **5.** chanter / des oiseaux

  3. crier / un bébé   **6.** partir / ma mère

E. Chez le directeur. Le nouveau propriétaire d'un restaurant trouve que le gérant est trop indulgent avec les employés. Le propriétaire le convoque *(summons)* dans son bureau pour lui donner des conseils. Ecoutez les phrases qu'il dit et transformez-les en ordres en employant le **faire** causatif et un pronom approprié.

MODÈLE: *Vous entendez:* Il faut que les serveurs travaillent plus.

    Vous dites: **Faites-les travailler plus.**

    Vous entendez la confirmation: Faites-les travailler plus.

(Items 1–5)

Dictée   CD7–20

F. Une recette facile à préparer: *Steak Gisèle.* Un chef va vous dicter une de ses recettes préférées. D'abord, écoutez la recette en entier. Ensuite, chaque phrase sera lue deux fois. Ecrivez la recette. Enfin, la recette entière sera répétée pour que vous puissiez vérifier votre travail. Ecoutez.

MOTS UTILES: ajouter   *to add*   arroser de   *to sprinkle with*
une pincée   *a pinch*   mélanger   *to mix*
découper en tranches   *to slice*

_____

_____

_____

_____

_____

_____

_____

_____

_____

_____

_____

_____

_____

_____

_____

_____

_____

_____

Compréhension

L'équipement de la maison   CD7–21

Vous écoutez un reportage radiophonique sur le logement des Français. Des statistiques concernant l'équipement ménager vous intéressent tout particulièrement. Ecoutez.

MOTS UTILES: le foyer, le ménage   *household*
le congélateur   *freezer*
aisé   *affluent*

G. Statistiques. D'après le reportage, indiquez combien de foyers possèdent les appareils suivants. Donnez le pourcentage ou le chiffre, selon le cas.

1. Télévision: _____

2. Télévision-couleur: _____

3. Four à micro-ondes: _____

4. Téléphone: _____

5. Minitel: _____

H. La maison électronique. Répondez aux questions suivantes d'après les informations données dans le reportage.

1. Quels sont les trois grands classiques de l'équipement ménager?

   _____

2. Qui achète le plus de lave-vaisselle?

   _____

3. Quel groupe de population utilise le plus de fours à micro-ondes?

   _____

4. Quels types d'appareils audiovisuels sont de plus en plus populaires?

   _____

Un bon conseil   CD7–22

Comme un grand nombre de Français, vous allez partir en voiture pour vos vacances d'été. La Sécurité routière, toujours très occupée pendant cette période, multiplie les conseils de prudence. Ecoutez son annonce à la radio.

MOTS UTILES: une pression   *pressure*   le gonflage   *inflation*
              l'éclatement *(m)*   *bursting*   l'usure *(f)*   *wear and tear*

I. Les pneus. Complétez les phrases suivantes.

1. Les pneus qui ne sont pas suffisamment gonflés peuvent provoquer _____.

2. Un éclatement peut être _____.

3. Faites attention à _____.

Les temps sont durs   CD7–23

Vous avez très envie d'acheter un magnétoscope. Mais vous n'en avez pas les moyens. Cette annonce publicitaire de la Société Générale, un établissement bancaire, vous donne une idée.

MOTS UTILES: rendre l'âme   *to give out*
              espèces *(f. pl.)*   *cash*

J. Vrai ou faux? Indiquez si les phrases suivantes sont vraies (V) ou fausses (F).

_____ 1. La Société Générale peut vous réserver une somme d'argent.

_____ 2. Le taux d'intérêt est raisonnable.

_____ 3. On paie ce que l'on doit petit à petit.

_____ 4. On peut rembourser uniquement par carte de crédit.

Travail temporaire   CD7–24

Vous êtes président d'une compagnie d'informatique. Votre secrétaire particulière vient de se casser la jambe et elle sera immobilisée pendant un mois. Qui va la remplacer? Vous pensez à l'annonce publicitaire d'une agence de travail temporaire que vous venez d'entendre.

MOTS UTILES: la démission   *resignation*
              en pointe   *on the leading edge*
              des éléments   *ici, des individus*

K. Chez Eric Soutou. Complétez les phrases suivantes d'après les renseignements dans l'annonce publicitaire.

1. Chez Eric Soutou, on sait que _____
_____.

2. Les employés sont _____.

3. Eric Soutou a des personnes qui peuvent travailler dans les domaines _____
_____.

4. Le numéro de téléphone est _____.

EXERCICES ÉCRITS

En somme...

LEÇON 1

Cap sur le vocabulaire!

A. Une interview. Jean-Pierre Hermès vient de gagner une course à pied très prestigieuse. Une journaliste l'interviewe juste après la course. Trouvez les mots ou expressions qui manquent dans la liste suivante. N'utilisez pas un mot ou une expression plus d'une fois.

avoir bonne mine
avoir gagné
battre
le classement
les concurrents
une course
la défaite
le défi
la douleur
s'entraîner
l'entraîneur/entraîneuse
épuisant(e)

être gentil(le)
faillir (+ infinitif)
des fanas de sport
à la portée de
prendre le dessus
la pression
le record du monde
reprendre haleine
sportif/sportive
terminer premier/première
une victoire

— Félicitations, Jean-Pierre! Vous venez de _____ **(1)** le record

_____ **(2)**! Quelle belle _____ **(3)**!

— Merci, Madame Mercure. Je suis content d(e) _____ **(4)**. C'était une journée

exceptionnelle pour moi. Il faut dire que je _____ **(5)** depuis des mois et que

j'avais un assez bon _____ **(6)**, mais on ne sait jamais.

— Vous êtes trop modeste. Tout le monde pensait que vous alliez _____ **(7).**

Est-ce que ça vous a fait ressentir un peu de _____ **(8)**?

— Un peu, je crois. Tous les autres _____ **(9)** étaient très forts.

— Pas si forts que vous! Vous avez survécu à encore une épreuve. Vous n'avez pas l'air d'être trop fatigué!

Je trouve que vous _____ (10).

— Merci. Vous _____ (11) de dire ça! Ce n'était pas évident.

J'_____ (12) ne pas participer cette année. Je me suis foulé la cheville il y a

trois semaines et j'avais peur de ne pas être en forme. Mais, une fois la course commencée, j'ai oublié

_____ (13), j'ai pris _____ (14) et je n'ai même

pas pensé à la possibilité d'une _____ (15).

— Avez-vous des conseils pour les _____ (16) qui nous écoutent?

— Oui, bien sûr. Regardez une course à la télé, c'est bien, mais devenir _____

(17) vous-même, c'est encore mieux. Le sport est _____ (18) de tout le

monde. C'est un _____ (19) qui vous apporte beaucoup de satisfaction.

Vous n'avez besoin ni d'un _____ (20) ni d'équipement cher. Il faut

simplement vous secouer (get moving). Ça vous fera du bien. Et maintenant, je vous demande de

m'excuser. C'était quand même une course _____ (21).

— Excusez-moi, Jean-Pierre. Je ne vous ai même pas donné le temps de

_____ (22). Merci, Jean-Pierre Hermès, et, encore une fois, félicitations

sur votre _____ (23)!

— Merci, Madame Mercure.

La grammaire à apprendre

Les mots exclamatifs

B. Quel beau mariage! Les invités au mariage de Bruno et Isabelle trouvent le mariage très réussi. Complétez leurs remarques avec un mot exclamatif approprié: **quel** (ou une forme dérivée), **comme, que, ce que** ou **qu'est-ce que**.

> *Isabelle, Bruno et leurs parents*
> *seront heureux de vous recevoir*
> *après la cérémonie religieuse.*
>
>   *Réponse souhaitée*
>   *avant le 15 Juillet*

1. _____ jolie mariée! _____ elle est souriante!

2. _____ beau couple ils forment tous les deux!

   _____ ils ont l'air heureux!

3. Isabelle a déjà vingt-quatre ans! Mon Dieu, _____ le temps passe vite!

4. _____ la cérémonie était émouvante! Et _____

   réception sympathique!

5. Regardez les parents du marié. _____ ils dansent bien! Et la sœur de la

   mariée, _____ elle est jolie!

C. Aujourd'hui vous êtes la vedette. Imaginez les compliments de vos amis dans les situations suivantes. Répondez poliment à ces compliments comme le ferait normalement un Français dans ce cas.

MODÈLE: Vous venez d'acheter un très beau pull-over.

   — *Comme il est beau ton pull-over!* ou *Quel beau pull-over!*

   — *Tu crois? Tu es gentil(le) de me dire ça.*

1. Vous venez de redécorer votre appartement.

   _____

   _____

2. Vous venez de terminer parmi les cinquante premiers du marathon de votre ville.

_____

_____

3. Vous avez trouvé un portefeuille *(wallet)* et vous le rapportez à son propriétaire.

_____

_____

4. Votre petit(e) ami(e) vous a donné une nouvelle montre pour votre anniversaire.

_____

_____

5. Vous avez réussi à un examen très difficile de votre classe de français.

_____

_____

Le participe présent

D. La retraite du journaliste. M. Paul Lelièvre a passé toute sa carrière de journaliste dans le domaine du sport. Maintenant, il prend sa retraite et il parle des athlètes qu'il a connus et de ses idées sur le sport. Complétez ses phrases en utilisant un participe présent.

Le participe présent utilisé comme adjectif:

1. Le marathon, c'est une course très (épuiser) _____.

2. Mary Pierce et Marie-Jo Pérec, ce sont des athlètes (briller) _____.

3. Marc Chevalier, c'est un entraîneur (charmer) _____ et (tolérer)

_____.

Le participe présent utilisé pour montrer la simultanéité de deux actions:

4. Il est difficile pour un athlète de s'entraîner sérieusement pour une épreuve sportive tout en (gagner)

_____ sa vie.

5. Beaucoup de jeunes athlètes américains font du sport tout en (continuer) _____

leurs études.

6. J'ai beaucoup appris en (parler) _____ avec des athlètes célèbres.

Le participe présent utilisé pour montrer la manière dont on fait quelque chose:

7. En (détendre) _____ les muscles du cou, on peut respirer plus facilement.

8. Même si on n'est pas athlète professionnel, on reste en bonne santé en (faire) _____

    du sport au moins trois fois par semaine.

9. J'ai aimé être journaliste. En (écrire) _____ beaucoup, j'ai appris à mieux organiser

    mes pensées.

E. Le nouvel entraîneur. L'entraîneur d'athlétisme de votre université a été engagé pour un trimestre par un club sportif français. Vous voulez l'aider à se faire comprendre par des jeunes français en traduisant ses instructions. Attention à vos traductions. Faut-il utiliser le participe présent, un infinitif ou le passé d'un infinitif?

1. Upon arriving at the gym (**le gymnase**), you should spend your first fifteen minutes warming up (**s'échauffer**).

    _____

    _____

2. After warming up, you should exercise your muscles (**exercer vos muscles**) by lifting weights (**faire de la musculation**).

    _____

    _____

3. Running every day for thirty minutes is a requirement (**une nécessité**).

    _____

    _____

4. Some of you speak of winning without practice (**entraînement**), but that is not possible.

    _____

    _____

5. It is by training regularly that you will succeed.

    _____

    _____

6. Do not drink alcohol while preparing for (**se préparer pour**) the competition (**l'épreuve**).

    _____

    _____

7. After having left the practice field (**le terrain d'entraînement**), take a cold shower.

_____

_____

8. The athletes obeying my advice will win their competitions.

_____

_____

Vocabulary: Sports
Grammar: Adverb formation; participle
   agreement

SYSTÈME-D

F. Portrait d'un «champion». Dans un paragraphe de huit à dix phrases, écrivez le mini-portrait de quelqu'un que vous admirez (ou que vous n'admirez pas!) à cause de ses attitudes à l'égard de l'exercice physique et de l'entraînement. Utilisez des mots exclamatifs et des participes présents. Utilisez une autre feuille de papier.

Exemple: *Mon ami Bill ne fait rien. Au lieu de faire de la musculation, il soulève la télécommande tout en mangeant de la pizza. Quel «champion»!*

LEÇON 2

Cap sur le vocabulaire!

A. Reproches et regrets. La vie n'est pas sans malheurs. Qu'est-ce que vous diriez dans chacune des situations suivantes pour exprimer des regrets ou des reproches?

Vous parlez à...

1. M. et Mme Faure, qui viennent de perdre leur fils (âgé de 11 ans)

_____

_____

2. un ami qui vous offre un cadeau d'anniversaire, bien que vous lui ayez dit que vous ne vouliez pas de cadeaux

_____

_____

3. un chauffeur qui est ivre *(drunk)* et qui vient de causer un accident

_____

_____

Maintenant, vous vous faites des reproches, parce que...

4. vous avez oublié un rendez-vous chez le dentiste

_____

_____

5. vous avez dit quelque chose de très cruel à un bon ami

_____

_____

La grammaire à apprendre

Le conditionnel passé

B. Maintenant, je vois. Après coup, on voit toujours ce qu'on aurait fait, si seulement... Mettez les verbes entre parenthèses au conditionnel passé pour montrer ce qu'on comprend maintenant...

1. Il (falloir) _____ mettre mon réveil hier soir. Comme ça, je (se réveiller)

_____ à temps pour aller à mon rendez-vous.

2. Si j'avais su qu'il y avait des gendarmes ici, je (ne pas conduire) _____

_____ si vite. Peut-être que je (ne pas avoir) _____

_____ de contravention.

3. J'ai pris cinq kilos en un mois. Je (ne pas grossir) _____

   si j'avais continué mon régime.

4. Je (ne pas venir) _____ à la soirée si j'avais su que Pierre serait là!

5. Je (J') (mieux faire) _____ de rester au lit aujourd'hui. Je (J') (avoir)

   _____ moins d'ennuis.

C. Il aurait pu, il aurait dû. On utilise souvent les
verbes **pouvoir** et **devoir** au conditionnel passé pour
décrire ce qu'on aurait pu faire *(could have done)*, ce
qu'on aurait dû faire *(should have done)* ou ce qui aurait
pu arriver *(could have happened)*. En utilisant les expressions données, trouvez une phrase appropriée pour chacune des situations suivantes.

   attacher sa ceinture de sécurité
   attraper un coup de soleil
   avoir un accident de voiture
   emprunter de l'argent à ses parents
   mettre le réveil
   sécher tant de cours

Utilisez le verbe **pouvoir**:

1. John n'a pas payé son loyer *(rent)* parce qu'il était fauché.

   Il _____.

2. Sandrine a passé toute la journée à la plage et elle a mis de la crème solaire une seule fois.

   Oh là là! Elle _____.

3. Mes frères ont conduit beaucoup trop vite hier soir et il pleuvait!

   Les imbéciles! Ils _____.

Utilisez le verbe **devoir**:

4. Paul et Virginie ne se sont pas réveillés à temps ce matin. Ils sont arrivés en retard au travail, tous les
   deux.

   Quelle bêtise! Ils _____.

5. Chantal a eu un accident de voiture le mois passé. Sa tête a heurté le pare-brise *(windshield)*.

   Oh là là, cette fille! Elle _____.

6. Nous avons échoué à tous nos examens.

   C'est trop bête. Nous (ne/pas) _____.

D. Qu'est-ce qui se serait passé? Imaginez ce qui se serait passé dans les situations suivantes. Complétez les phrases en utilisant un verbe au conditionnel passé.

1. Si j'avais pu partir en voyage le mois dernier, _____

_____

2. Si j'avais eu le temps hier, _____

_____

3. Si j'étais allé(e) faire des courses en ville, _____

_____

4. Si mon ami(e) m'avait invité(e) à sortir vendredi soir, _____

_____

5. Si mes parents avaient gagné un million de dollars à la dernière loterie, _____

_____

Les phrases conditionnelles

E. Les expériences des autres. On apprend souvent des expériences des autres. Un journaliste pose des questions à un groupe d'athlètes de différentes disciplines sur leur performance. Les athlètes expérimentés expriment leurs regrets à propos d'épreuves passées (en utilisant le plus-que-parfait et le conditionnel passé). Les nouveaux concurrents rêvent de ce qu'ils pourraient faire (en utilisant l'imparfait et le conditionnel). Suivez le modèle.

MODÈLE: Que faut-il faire pour devenir le chef de votre équipe de coureurs? (gagner cette étape de la course cycliste)

L'ATHLÈTE EXPÉRIMENTÉ: *Tout ce que je sais, c'est que je serais devenu le chef de mon équipe de coureurs si j'avais gagné cette étape de la course cycliste.*

LE NOUVEAU CONCURRENT: *Alors, moi, je deviendrais peut-être le chef de mon équipe de coureurs si je gagnais cette étape de la course cycliste.*

1. Que faut-il faire pour gagner la médaille d'or du relais? (améliorer le passage du témoin [*passing of the baton*])

LES ATHLÈTES EXPÉRIMENTÉS: Dans notre cas, nous _____

_____ si nous

_____ .

Les nouveaux concurrents: Alors, qui sait? Peut-être que nous _____

_____ si nous

_____ .

2. Que faut-il faire pour finir dans les dix premiers de la course? (ne pas se casser)

L'athlète expérimenté: Lors de ma dernière course, si le moteur de ma moto _____

_____ ,

j'_____ .

Le nouveau concurrent: Donc, si le moteur de ma moto _____

_____ , je

_____ ?

On ne sait jamais!

3. Que faut-il faire pour qu'une équipe de rugby se place bien dans le tournoi? (rester en bonne santé)

L'entraîneur expérimenté: Hélas, si nos joueurs _____

_____ , notre équipe

_____ .

Le nouvel entraîneur: Alors, si nos joueurs à nous

_____

_____ , notre équipe

_____ .

Mais ils sont souvent très indisciplinés...

4. Pour se qualifier pour les championnats du monde de ski, que faut-il faire? (tomber moins souvent)

L'athlète expérimenté: Dans mon cas, je _____

_____ , si seulement

j'_____ .

Le nouveau concurrent: Ce n'est pas évident, mais peut-être que je _____

_____ , si seulement je

_____ !

F. Les regrets d'un coureur cycliste. Philippe Lecomte a fini cinquième au classement général de la célèbre course cycliste, le Tour de France. Il sait qu'il aurait pu mieux faire. Complétez son discours avec les formes correctes du présent, de l'imparfait, du plus-que-parfait, du futur, du conditionnel ou du conditionnel passé, selon le sens.

C'est fini maintenant, mais la course (devoir) _____ (1) mieux marcher

pour moi cette année. Je n'ai pas gagné, et je sais pourquoi. Si j' (vouloir)

_____ (2) gagner, il aurait fallu être plus agressif dans les Alpes. Par exemple,

mes coéquipiers (pouvoir) _____ (3) empêcher l'échappée *(breaking away)*

de mon adversaire espagnol — qui m'a coûté dix minutes au classement! Hélas, si j' (gagner)

_____ (4) au moins deux étapes de montagne, j'aurais porté le maillot

jaune à la sortie des Pyrénées. Les autres membres de mon équipe et moi, nous aurions affirmé notre

supériorité et j' (être) _____ (5) capable de gagner la dernière étape contre

la montre. Mais cela n'est pas arrivé et je pense sincèrement que j'ai participé à mon dernier Tour

de France.

Mais si on me (demander) _____ (6) ce qu'il faudrait faire pour

l'année prochaine, je dirais au futur champion qu'une bonne préparation mentale à cette épreuve

est primordiale. Si j'étais leur entraîneur, tous les coureurs cherchant à finir dans les dix premiers

(aller) _____ (7) participer aux grandes épreuves cyclistes du printemps.

Quant au Tour de France, si vous (vouloir) _____ (8) gagner, vous

devrez attaquer les meilleurs concurrents à l'entrée des Alpes. Si vous faites ça, vous (avoir)

_____ (9) de meilleures chances de gagner.

En somme, si je devais partir encore pour le Tour, je (savoir) _____

(10) prendre des risques. Cette fois-ci, je ne l'ai pas fait et voilà pourquoi j'ai perdu.

G. Avec des si... Qu'est-ce que vous feriez/auriez fait dans les situations suivantes? Ecrivez trois ou quatre phrases pour chaque situation, en faisant très attention aux temps des verbes. Utilisez une autre feuille de papier.

1. Si j'étais à une soirée et si la personne qui devait me raccompagner en voiture *(give me a ride home)* était ivre *(drunk)*...

2. Si j'avais emprunté un vêtement très cher à une amie et si je l'avais perdu...

LEÇON 3

Cap sur le vocabulaire!

A. De quoi s'agit-il? Vous aimez le théâtre et le cinéma. Marquez les mots suivants pour indiquer s'ils évoquent le théâtre (T), le cinéma (C) ou les deux (T, C).

_____ 1. une actrice

_____ 2. un cinéaste

_____ 3. un compte rendu

_____ 4. un(e) critique

_____ 5. doublé

_____ 6. l'entracte

_____ 7. frapper les trois coups

_____ 8. le metteur en scène

_____ 9. un rappel

_____ 10. la réalisatrice

_____ 11. une représentation

_____ 12. des sous-titres

_____ 13. tourner

_____ 14. la troupe

_____ 15. en v.o.

B. Qu'est-ce que tu es difficile! Votre cousin adolescent aime les films «classiques», mais vous avez envie de voir quelque chose de récent. Proposez-lui d'aller voir un autre film du même genre que le film qu'il aime. Suivez le modèle.

MODÈLE: Si tu aimes *Le Jour le plus long*, allons voir un autre *film de guerre.*

1. Si tu aimes *La petite sirène* de Disney, allons voir un autre _____.

2. Si tu aimes *Notting Hill*, allons voir un autre _____.

3. Si tu aimes *Maman, j'ai raté l'avion* avec Macaulay Culkin, allons voir une autre

_____.

4. Si tu aimes *Danse avec les loups*, allons voir un autre _____.

5. Si tu aimes les films avec James Bond, allons voir un autre _____.

6. Si tu aimes *Dracula*, allons voir un autre _____.

La grammaire à apprendre

La voix passive

C. Un documentaire. Les phrases suivantes décrivent les événements principaux d'un documentaire sur l'histoire de France. Transformez-les de la voix active à la voix passive et vice versa.

MODÈLE: Les Français ont élu François Mitterrand président de la République en 1981 et 1988.

François Mitterrand a été élu président de la République par les Français en 1981 et 1988.

1. Le Canada a été exploré par le navigateur français Jacques Cartier au XVIe siècle.

   _____

   _____

2. Le Sénat a proclamé Napoléon Bonaparte empereur des Français le 18 mai 1804.

   _____

   _____

3. Charles de Gaulle a lancé l'appel du 18 juin 1940 à partir de Londres.

   _____

   _____

4. Le droit de vote a été obtenu par les Françaises en 1944.

   _____

5. Les pays membres de la Communauté Européenne ont signé le traité de Maastricht en décembre 1991.

   _____

   _____

D. Une pièce réussie. Malorie parle d'une pièce de théâtre qu'elle a vue récemment. Récrivez ses phrases en utilisant le pronom **on** au lieu de la voix passive.

1. Un compte rendu très positif avait été affiché devant le théâtre.

   _____

2. Jour après jour, cette pièce était jouée à guichets fermés.

   _____

3. Les trois coups ont été frappés.

   _____

4. Un éclairage très dramatique a été créé.

_____

5. Les thèmes de cette pièce seront toujours appréciés.

_____

6. En général, cette troupe théâtrale est beaucoup aimée.

_____

E. Cinéma: mode d'emploi. Vous parlez des cinémas américains avec une amie française. Récrivez les phrases suivantes en utilisant une construction pronominale.

MODÈLE: Les jeunes adorent le cinéma. On comprend ça facilement.

Les jeunes adorent le cinéma. Ça se comprend facilement.

1. On trouve souvent des salles de cinéma dans les centres commerciaux.

_____

_____

2. Beaucoup de cinémas sont ouverts l'après-midi.

_____

3. Les billets sont vendus à l'entrée du cinéma.

_____

4. Un entracte au cinéma? On ne voit pas ça très souvent.

_____

5. On mange du popcorn pendant le film.

_____

6. Les vraies voix des acteurs ne sont pas entendues dans un film doublé.

_____

F. Un film intéressant. Votre ami(e) vous fait le compte rendu d'un film qu'il/elle vient de voir. Transformez son récit en mettant les expressions en italique à la voix active. Attention aux temps.

Cette histoire est racontée par une vieille femme habitant une petite ville de province. Elle se rappelle une série d'événements de la guerre que sa meilleure amie a vécus. Cette amie, Anne Béranger, est l'héroïne du film. Au début de l'histoire, *elle était aimée et respectée de tous ceux qui la connaissaient.* Dans la cave de sa maison se cachait son mari, Raymond. *Il était recherché depuis des mois par les soldats ennemis. La milice (militia) avait été contactée par les soldats* pour le capturer. Alors, *la maison était constamment surveillée par un groupe d'hommes installés dans l'immeuble d'en face.* Anne devait apporter des renseignements et du ravitaillement à son mari sans *être vue de personne.* Cependant, un jour *elle a été dénoncée par un voisin malveillant. La maison a été fouillée par les soldats* mais, heureusement, ils n'ont trouvé personne. *Anne a été arrêtée dans la rue et elle a été accompagnée au poste de police par deux miliciens. Raymond n'avait pas été découvert par les soldats* parce qu'il avait quitté sa cachette la veille. A partir de ce moment, *il a été recueilli par des amis* dans une autre petite ville voisine. Finalement, *la ville a été libérée par des groupes de résistants* et Anne et son mari se sont retrouvés.

_____

_____

_____

_____

_____

_____

_____

_____

_____

_____

_____

_____

_____

_____

_____

_____

G. Les révolutions de France et d'Amérique. Voici un extrait de revue de livres publiés en France qui explique les différences entre les deux religions et les deux sociétés (françaises et américaines) du XVIIIe siècle. Récrivez ce paragraphe en mettant les phrases en italique à la voix passive.

Deux religions, deux révolutions; la Révolution française s'est terminée dans le sang, mais pas la révolution américaine. A cette époque-là, *la violence domine la société française.* Par contre, *la sagesse des Pères fondateurs préserve l'Amérique du même destin.* C'est d'ailleurs pourquoi *la Terreur* (**the Reign of Terror**) *a choqué même les Américains les plus favorables à la Révolution française. Les sources religieuses enracinées dans la Réforme* (**the Reformation**) *ont sauvé l'Amérique,* alors qu'en France, *l'échec de la Réforme a déterminé le conflit entre les philosophes intellectuels du XVIIIe siècle et le Christianisme. La Révolution française a lancé le combat contre la tradition.* Elle a donc été plus violente et *toute la vieille Europe a ressenti* (**felt**) *les échos de cette lutte.*

_____

_____

_____

_____

_____

_____

_____

_____

_____

_____

_____

_____

_____

_____

_____

_____

_____

Nom _____ Date _____

EXERCICES DE LABORATOIRE

PHONÉTIQUE

Révision des *chapitres 6 à 9*   CD8–2

A. Ecoutez les mots suivants qui contiennent les semi-voyelles [j], [w] et [ɥ]. Répétez les mots et mettez une croix dans la colonne désignant le son que vous identifiez.

MODÈLE: *Vous entendez:* nuit
  Vous répétez: **nuit**
  Vous faites: **une croix dans la colonne** [ɥ]

	[j]	[w]	[ɥ]
1. fruit	_____	_____	_____
2. palier	_____	_____	_____
3. bruit	_____	_____	_____
4. roi	_____	_____	_____
5. tatouage	_____	_____	_____
6. allié	_____	_____	_____
7. pouvions	_____	_____	_____
8. voué	_____	_____	_____
9. ébloui	_____	_____	_____
10. pluie	_____	_____	_____

B. Pratiquez maintenant les sons [a] et [i] en répétant les mots que vous entendrez.

1. lasse   lisse
2. mille   malle
3. gîte   jatte
4. fane   fine
5. pars   pire

6. dites   date
7. bise   base
8. car   kir
9. s'il   sale
10. tir   tard

C. Ecoutez et répétez les phrases suivantes qui contiennent le son [r].

1. Le chat de Richard ronronne quand on le caresse.

2. L'artiste s'irrite quand on rit de ses peintures ridicules.

3. Lorsque les affaires furent réglées, les représentants leur proposèrent d'aller prendre un verre.

4. Monsieur Braradur rentrera de Rimini mercredi prochain.

D. Ecoutez les mots suivants qui contiennent les sons [ø] et [œ]. Répétez les mots et faites une croix dans la colonne correspondant au son que vous identifiez.

MODÈLE: *Vous entendez:* vieux
Vous répétez: **vieux**
Vous faites: **une croix dans la colonne** [ø]

	[ø]	[œ]
1. je meurs	_____	_____
2. immeuble	_____	_____
3. crasseuse	_____	_____
4. lieu	_____	_____
5. cœur	_____	_____
6. ceux	_____	_____
7. sérieuse	_____	_____
8. eux	_____	_____
9. sœur	_____	_____
10. neuf	_____	_____

E. Ecoutez et répétez les phrases suivantes en faisant attention aux liaisons interdites. Marquez les liaisons que vous faites avec un crayon.

1. Comment les Hollandais ont-ils été reçus aux Invalides?

2. Comme vous allez être heureuse et rieuse!

3. Les hostilités ont commencé entre ces deux héros quand le grand a accusé l'autre.

4. Comment ces électeurs audacieux n'ont-ils pas osé parler aux élus?

F. Ecoutez les mots suivants. Répétez-les et indiquez si la syllabe accentuée contient un son nasalisé ou non-nasalisé.

	nasalisé	non-nasalisé
1. mission	_____	_____
2. Christiane	_____	_____
3. bien	_____	_____
4. viennent	_____	_____
5. tonne	_____	_____
6. brigand	_____	_____

G. Résumé. Ecoutez et répétez le paragraphe suivant.

Monsieur Legrand était sorti pour acheter du beurre quand il a rencontré son ami Louis, qui est acteur. Louis lui a demandé d'entrer dans son immeuble pour regarder sa machine à laver, avec laquelle il a des problèmes. La machine faisait un bruit bizarre, strident et continuel. Comment fallait-il s'y prendre? Les deux hommes ont réfléchi un peu avant de décider d'appeler un plombier ou un électricien qualifié.

Maintenant, répétez le paragraphe.

LEÇON 1

Conversation   CD8–3

A. Compliments et félicitations. En français, il y a plusieurs expressions pour faire et accepter un compliment, et pour féliciter. Ecoutez la Conversation (manuel, **chapitre 10**, leçon 1) en prêtant attention à ces expressions.

B. L'intonation des phrases. Maintenant, écoutez et répétez les phrases suivantes. Imitez l'intonation de la phrase en répétant les expressions qu'on utilise pour faire et accepter un compliment, et pour féliciter.

1. Vous avez disputé un match absolument extraordinaire! Toutes nos félicitations.
2. Eh bien, je suis évidemment très content d'avoir gagné ce match.
3. En effet, j'aurais peut-être pu faire mieux...
4. Je dois le féliciter d'avoir joué comme il l'a fait.
5. Oui, c'est vrai. Bravo, Jean-Jacques!
6. Merci. Oui, je suis content d'avoir réussi comme cela.
7. Merci beaucoup, Pierre, d'être venu nous rejoindre.
8. Je vous en prie. Ça m'a fait plaisir.

C. La bonne réponse. On fait des compliments non seulement aux gens qu'on connaît bien (amis et membres de la famille), mais aussi aux gens qu'on connaît moins bien. Ecoutez les mini-conversations suivantes, et identifiez le degré d'intimité qui existe entre les deux personnes qui parlent.

1. rapports formels _____   rapports familiers _____

2. rapports formels _____   rapports familiers _____

3. rapports formels _____   rapports familiers _____

4. rapports formels _____   rapports familiers _____

La grammaire à apprendre

Les mots exclamatifs   CD8–4

D. Quelle bonne amie! Votre amie Julie est très peu sûre d'elle. Ce soir, vous sortez en groupe et Julie s'est habillée avec soin. Vous la complimentez beaucoup pour la mettre à l'aise. Vous entendrez une phrase que vous devrez rendre encore plus emphatique. Suivez les modèles.

MODÈLE: *Vous entendez:* Tu portes une jolie jupe aujourd'hui.
         Vous répondez: **Quelle jolie jupe!**

(Items 1–5)

MODÈLE: *Vous entendez:* Tu portes une jolie jupe aujourd'hui.
         Vous répondez: **Que ta jupe est jolie!**

(Items 6–10)

E. Comme vous êtes gentil(le)! Vous êtes de très bonne humeur aujourd'hui et vous faites des compliments à tout le monde. Suivez les modèles.

MODÈLE: *Vous entendez:* votre ami qui travaille dur
         Vous répondez: **Comme tu travailles dur!**

(Items 1-5)

MODÈLE: *Vous entendez:* vos parents qui sont compréhensifs
         Vous répondez: **Qu'est-ce que vous êtes compréhensifs!**

(Items 6–10)

Le participe présent CD8–5

F. Deux choses à la fois. Tous les membres de votre famille ont la manie de faire deux choses à la fois. Modifiez les phrases en utilisant le participe présent. Suivez le modèle.

MODÈLE: *Vous entendez:* Je parle et je mange en même temps.
Vous répondez: **Je parle en mangeant.**

(Items 1–6)

G. C'est en forgeant qu'on devient forgeron. *(It's by forging that one becomes a blacksmith. [i.e., One learns by doing.])* Votre ami(e) a beaucoup d'aspirations. Ecoutez ses rêves, et donnez-lui des conseils pour les réaliser. Suivez le modèle.

MODÈLE: *Vous lisez:* étudier
Vous entendez: Je veux réussir.
Vous répondez: **C'est en étudiant qu'on réussit.**

1. faire des économies
2. suivre un régime
3. lire le journal tous les jours
4. parler beaucoup
5. voyager

LEÇON 2

Conversation CD8–6

A. Le regret et les reproches. En français, il y a plusieurs expressions pour exprimer le regret et pour faire les reproches. Ecoutez la Conversation (manuel, **chapitre 10**, leçon 2) en prêtant attention à ces expressions.

B. L'intonation des phrases. Maintenant, écoutez et répétez les phrases suivantes. Imitez l'intonation de la phrase en répétant les expressions qu'on utilise pour exprimer le regret et pour faire les reproches.

1. Malheureusement... j'ai commencé à perdre ma concentration.
2. Si je n'avais pas perdu le service, peut-être que Pierre n'aurait pas pris le dessus.
3. C'était risqué d'essayer de le battre à son propre jeu...
4. Oui, j'aurais dû sans doute rester en fond de court.
5. J'avoue que d'avoir échoué au deuxième set a diminué ma concentration.
6. J'ai peut-être eu tort de jouer à Monte-Carlo il y a deux semaines.
7. En tout cas, je regrette que le match ait tourné à l'avantage de mon adversaire.
8. Oui, si seulement vous n'aviez pas eu ce problème de cheville!

C. La bonne réponse. Quand on a des regrets, on fait des reproches. Parfois, on se reproche quelque chose à soi-même, et parfois on fait des reproches à quelqu'un d'autre. Ecoutez les phrases suivantes, et indiquez à qui la personne qui parle fait des reproches.

1. à elle-même   à quelqu'un d'autre

2. à elle-même   à quelqu'un d'autre

3. à elle-même   à quelqu'un d'autre

4. à elle-même   à quelqu'un d'autre

5. à elle-même   à quelqu'un d'autre

La grammaire à apprendre

Le conditionnel passé   CD8–7

D. J'aurais mieux fait. Donnez des conseils à un camarade de classe qui vous fait des confidences. Ecoutez ce qu'il dit, puis dites-lui ce que vous auriez fait à sa place. Utilisez les éléments donnés et mettez le verbe au conditionnel passé. Suivez le modèle.

MODÈLE: *Vous lisez:* **Moi, je... appeler la police.**
   Vous entendez: J'ai vu un crime, mais je n'ai rien fait.
   Vous répondez: **Moi, j'aurais appelé la police.**

1. Moi, je... lui acheter des fleurs.
2. Moi, je... demander un remboursement.
3. Moi, je... faire des économies pour pouvoir partir.
4. Moi, je... chercher un autre appartement.
5. Moi, je... plus s'entraîner pendant les week-ends.

E. Les reproches. Après les conseils viennent les reproches. Faites des commentaires sur les actions de vos camarades de classe. Modifiez les phrases que vous entendez en utilisant le conditionnel passé. Suivez le modèle.

MODÈLE: *Vous entendez:* J'ai dépensé tout mon argent.
   Vous répondez: **Tu n'aurais pas dû dépenser tout ton argent.**

(Items 1–5)

Les phrases conditionnelles   CD8–8

F. Si j'étais allé(e) en Corse. L'année dernière, un ami vous a invité(e) à passer l'été avec lui en Corse. Malheureusement, vous n'avez pas pu y aller. Vous regrettez toujours cette occasion manquée. Quand on vous pose des questions là-dessus, vous dites ce que vous auriez fait là-bas si vous aviez pu faire le voyage. Utilisez les éléments donnés et suivez le modèle.

MODÈLE: *Vous lisez:* **la cuisine locale**

　　　　　Vous entendez: Qu'est-ce que tu aurais mangé?

　　　　　Vous répondez: **Si j'étais allé(e) en Corse, j'aurais mangé la cuisine locale.**

1. dormir jusqu'à dix heures tous les jours

2. avec mes nouveaux amis corses

3. aller au marché pour faire des courses et prendre des photos

4. le sud de la France

5. à tous mes amis américains

6. un buste de Napoléon, bien sûr!

G. Un peu d'aide? Votre petit cousin français ne fait jamais de phrases complètes. Il faut souvent l'aider à terminer ses phrases. Proposez-lui des phrases en faisant attention aux temps des verbes. Utilisez les mots donnés et suivez les modèles.

MODÈLE: *Vous lisez:* **avoir un cheval**

　　　　　Vous entendez: Si j'étais cowboy...

　　　　　Vous répondez: **Si tu étais cowboy, tu aurais un cheval?**

1. parler japonais   3. grossir

2. voir Mickey   4. prendre le train

MODÈLE: *Vous lisez:* **ne pas avoir peur**

　　　　　Vous entendez: Si j'avais vu un monstre...

　　　　　Vous répondez: **Si tu avais vu un monstre, tu n'aurais pas eu peur?**

5. jouer dehors quand même   7. ne pas aller à l'école

6. ne pas pleurer   8. t'amuser avec moi

LEÇON 3

Conversation   CD8–9

A. Pour résumer. En français, il y a plusieurs expressions pour résumer, quand on parle d'un film ou d'un livre, par exemple. Ecoutez la Conversation (manuel, **chapitre 10**, leçon 3) en prêtant attention à ces expressions.

B. L'intonation des phrases. Maintenant, écoutez et répétez les phrases suivantes. Imitez l'intonation de la phrase en répétant les expressions qu'on utilise pour résumer.

1. Alors de quoi s'agit-il? Quel est le thème du... ?

2. C'est un documentaire, car c'est basé sur une histoire vraie.

3. Il s'agit d'une histoire d'amour entre plusieurs personnages.

4. L'histoire se déroule sur quatre générations, avec tout un jeu de retours en arrière.

5. Et l'action se déroule où?

6. Le contraste entre le passé et le présent a beaucoup à voir avec le thème.

7. En deux mots, j'essaie de créer un dialogue entre ce qui était rural... et le monde moderne d'aujourd'hui.

8. Le contraste fait ressortir les parallélismes.

C. La bonne réponse. Deux personnes parlent de films. Est-ce que leurs conversations sont toujours logiques?

1. logique	pas logique		3. logique	pas logique
2. logique	pas logique		4. logique	pas logique

La grammaire à apprendre

La voix passive   CD8–10

D. Un film amusant. Votre mère a vu le film *Trois Hommes et un couffin* au cinéma hier soir. Elle vous le raconte et vous la questionnez en reprenant ses phrases et en les mettant à la voix passive. Suivez le modèle.

MODÈLE: *Vous entendez:* On laisse un bébé à la porte de trois hommes.
   Vous répondez: **Un bébé est laissé à la porte de trois hommes?**

(Items 1–7)

E. Titres de journaux. Au petit déjeuner, on vous lit les grands titres du journal. Puisque vous ne faites pas très attention, vous êtes obligé(e) de répéter tout ce qu'on vous dit en mettant les titres à la voix active. Prenez garde de respecter le temps du verbe dans chaque phrase que vous entendez.

MODÈLE: *Vous entendez:* Les voleurs de bijoux ont été arrêtés par la police.
   Vous répondez: **Qu'est-ce que tu dis? La police a arrêté les voleurs de bijoux?**

(Items 1–5)

F. La bonne cuisine française. Connaissez-vous la cuisine et les habitudes alimentaires françaises? Reprenez ces phrases en utilisant une construction pronominale. Suivez le modèle.

MODÈLE: *Vous entendez: «Bon appétit»? On dit cela en France avant un repas.*

Vous répondez: «Bon appétit»? Ça se dit en France avant un repas.

(Items 1–5)

Dictée   CD8–11

G. Attendez que je vous explique. Antoine Mailland a quatorze ans. Il est sorti avec ses copains cet après-midi et n'est rentré qu'à huit heures du soir. Ses parents étaient inquiets de son retard. Ecoutez-le s'expliquer, puis transcrivez ses explications. D'abord, écoutez ce qu'il dit en entier. Ensuite, chaque phrase sera lue deux fois. Enfin, le message entier sera répété pour que vous puissiez vérifier votre travail. Ecoutez.

_____

_____

_____

_____

_____

_____

_____

_____

_____

_____

_____

_____

_____

_____

_____

_____

_____

Compréhension

Au cinéma CD8–12

Dans ce chapitre, vous avez discuté des films, des pièces et des romans. Maintenant, vous allez entendre une interview avec une jeune actrice qui a dû chanter dans son dernier film. Elle raconte son expérience.

MOTS UTILES: la chorale *chorus*
l'enregistrement *(m)* *recording*
une larme *tear*
arriver (ici) *to manage*

se lancer *to take off*
gratifiant *fulfilling*
enraciné(e) *rooted*

H. Chanteuse! Moi? Indiquez par une croix les phrases qui décrivent fidèlement les propos de la jeune actrice.

_____ 1. C'était la première fois que la jeune actrice avait chanté en public.

_____ 2. Elle avait très peur de chanter en public.

_____ 3. Elle a pleuré avant d'enregistrer la chanson.

_____ 4. Elle a réussi à convaincre le metteur en scène de trouver une autre chanteuse.

_____ 5. Elle a essayé de vaincre sa peur, mais elle a échoué.

_____ 6. Le metteur en scène faisait tout à fait confiance à l'actrice.

Un résumé du film dont la jeune actrice vient de parler vous est maintenant présenté.

MOTS UTILES: inoubliable *unforgettable*
émaillé(e) de *studded with*
une bagarre *fight*

un coup de cœur *heartbreak*
impitoyable *merciless, ruthless*

I. Une nuit inoubliable. Donnez les détails demandés ci-dessous, d'après ce que vous venez d'entendre.

1. Où l'action se déroule-t-elle? _____

2. Combien de personnages principaux y a-t-il dans le film? _____

3. Quel est le sujet du film? _____

_____

4. Qu'arrive-t-il à la petite fille? _____

Et à son frère? _____

Le Tour de France CD8–13

Un match de tennis fait l'objet des conversations de ce chapitre. Le Tour de France est, lui aussi, un événement sportif mondialement connu. Chaque année en juillet, près de 200 participants parcourent plus de 3 000 kilomètres en vingt jours, espérant porter le symbolique maillot jaune du vainqueur. Chaque année, la course commence dans un endroit différent, mais finit toujours à Paris sur les Champs-Elysées. Les cyclistes parcourent une étape par jour. Vous allez maintenant entendre un reportage sportif sur une étape du Tour de France.

MOTS UTILES: traîner *to drag on*
                pas forcément *not necessarily*
                l'ascension *(f)* *ascent, climb*
                un col *mountain pass*
                redoutable *fearsome*
                le lacet *bend, twist*
                décrocher *to fall by the wayside*
                échappé *broken away*
                grignoter (ici) *to gradually gain ground*

J. La onzième étape: Besançon – Morzine.
Choisissez la réponse correcte pour chaque question.

_____ 1. Qui a gagné la onzième étape?
       a. Jérôme Simon
       b. Fabio Parra
       c. Pedro Delgado

_____ 2. Quelle réaction le vainqueur de cette étape provoque-t-il?
       a. On est un peu surpris.
       b. C'est celui qu'on attendait.
       c. On n'est pas prêt à l'accepter.

_____ 3. Qui porte toujours le maillot jaune à la fin de la onzième étape?
       a. Fabio Parra
       b. Charlie Mottet
       c. Steve Bauer

_____ 4. Qu'est-ce qui rend la onzième étape particulièrement difficile?
       a. le temps pluvieux
       b. les montagnes
       c. la longue distance

_____ 5. Combien de minutes et de secondes de retard a Visentini derrière le premier au classement général?
       a. une minute 1 seconde
       b. une minute 3 secondes
       c. une minute 52 secondes

CREDITS

Photo/Text/Realia Credits

Unless specified below, all the photos in this text were selected from the Heinle & Heinle Image Resource Bank.